新堂日錄
신당일록

지만지한국문학의 〈지역 고전학 총서〉는
서울 지역의 주요 문인에 가려 소외되었던
빛나는 지역 학자의 고전을 발굴 번역합니다.
'중심'과 '주변'이라는 권력에서 벗어나
모든 지역의 문화 자산이 동등한 대우를 받을 수 있도록 합니다.
지역 학문 발전에 이바지한 지역 지식인들의 치열한 삶과 그 성과를 통해
새로운 지식 지도를 만들어 나갑니다.

지역 고전학 총서

新堂日錄
신당일록

조수도(趙守道) 지음
정우락 옮김

대한민국, 서울, 지만지한국문학, 2024

편집자 일러두기

- 이 책은 청송군 추모정(追慕亭)에서 1989년에 필사본으로 간행한 신당 조수도의 《신당일록》을 원전으로 삼아 번역한 것입니다.
- 본문에는 번역문을 싣고, 원문은 참고할 수 있도록 띄어쓰기해서 뒤에 따로 실었습니다.
- 시의 원문은 중복이 되더라도 번역문 뒤에 실어 바로 참고가 될 수 있도록 했습니다.
- 원문에는 날짜별 제목은 없으나 독자의 편의를 위해 내용을 압축한 제목을 제시했습니다.
- 번역은 한글 전용을 원칙으로 하고, 인명(人名), 고유명사, 서명(書名), 추상적 개념 등 한자 표시가 필요한 때는 괄호로 병기했습니다.
- 주석과 해설은 모두 독자의 이해를 돕기 위해 옮긴이가 작성한 것입니다.
- 해설 뒤에 조수도의 동생으로 백부 조우(趙堣)에게 양자로 간 조형도(趙亨道)에 관한 글을 부록으로 실어 참고가 될 수 있도록 했습니다.
- 주석은 인용 원전에 대한 전거, 인명, 방증 자료, 역사적 개념, 전문 용어 등을 중심으로 달았으며, 짧은 주석은 본문에 바로 제시했습니다. 예) 무자(戊子 : 1588, 선조 21)년
- 한글에 한자를 병기할 때는 독음이 다를 경우 [ ]를 사용하고, 번역어의 원문을 표시할 때는 ( )를 사용했습니다. 또 괄호가 중복될 때에도 [ ]를 사용했습니다.
- 등장하는 인물은 가능한 대로 생몰 연대를 찾아 표기했고, 알 수 없는 것은 '?~?'로 표시했습니다.

- 지은이 소개는 해설에 포함되어 있으므로 이 책에서는 생략합니다.

〈지역 고전학 총서〉를 펴내며

고전은 시간과 공간에 의해 1차적으로 규정을 받으며, 지금 이곳을 우리에게 의미 있는 메시지로 전달할 수 있는 텍스트를 말한다. '고전'은 역사적으로 상대적인 개념이므로, 고정불변의 권위를 특별히 갖지는 않는다. 보편성을 갖는다고 여겨지는 텍스트들의 경우, 그것이 고전이라 일컬어지는 것은 여전히 지금 여기의 문제를 논의하는 데에 유용하기 때문이다. 그 이상도 이하도 아니다. 이를테면 《논어》가 고전일 수 있는 이유는 '공자의 《논어》'라서가 아니라 지금 이곳을 위해 《논어》 속 지혜가 필요하기 때문이며, 《사기》를 읽어야 한다는 것도 '사마천의 《사기》'라서가 아니라 지금 이곳을 살아가는 인간의 문제를 이해하는 데 중요한 시사점을 제공하기 때문이다. '고전 목록'이 시기별, 주제별로 제작되어야 하는 이유가 바로 여기에 있다.

그런 점에서 고전은 철저하게 '지역'에 복무한다. 지역은 지금 이곳의 다른 말로서, 시간과 공간으로 규정되는 인간의 삶 자체를 뜻한다. '지역'을 특정 공간으로 한정해선 안 되는 이유가 바로 여기에 있다. 또한 '지역'을 중심과 상대되는 주변으로 환치해서도 안 된다. 중심도 지역이요, 주변도 지역이기 때문이다. 우리는 '지역'을 인간의 삶이 실질적으로 구현되는 장소, 시간과 공간의 좌표에 의해 구분되는 인간적, 인문적 영역으로 이해한다. 곧 특정한 장소는 상상의 중심에 의해 주변화한 곳이 아니라, 그 자체로 하나의 시간과 공간에 의해 규정된 사람들의 삶 자체를 의미하는 것이다.

따라서 '지역'에서 생산된 텍스트, 특히 한문 고전은 무엇이든 의미가 있다. 모두 특정 주체들의 이성과 감성을 함유하고 있기 때문이다. 특히 한문 고전을 주목하는 이유는 그 안에 우리 전통의 삶이 지혜로 녹아 있기 때문이다. 지역은 한글이 일상어가 된 근대 이후에도 한문 고전을 생산하고 있었다. 우리는 이 지점도 주목한다. 지역의 한문 고전은 바로 얼마 전까지만 해도 우리 삶을 보여 주는 텍스트였던 것이다. 우리가 '지역'과 '고전'을 하나로 붙이고, 지역의 모든 인문적, 인간적 생산물을 주목하는 것은 바로 이 때문이다.

그러나 '지금 이곳'의 다른 말로 '지역'을 주목하고, '이곳'에서 생산된 한문 고전을 텍스트로 읽고자 하는 데에는 더욱 중요한 사고가 바탕을 이루고 있다. 바로 인간의 생명 그 자체를 존중하고 평등하게 대하는 태도다. 살았던 것/살아온 것/살아갈 것은 모두 존중받을 필요가 있으며, 이들에 의해서 생성된/생성되고 있는/생성될 텍스트는 모두 평등한 가

치를 부여받아야 한다. 학연이든, 지연이든, 권력이든, 소용(所用)이든, 그 어떤 이유로도 생명(우리는 문헌도 하나의 생명으로 간주한다)에 대해 차별할 근거는 없다. '지역'의 편언척자(片言隻字)조차도 의미 있다고 여기는 이유가 바로 여기에 있다. 《사기》를 짓기 위해 산천을 거듭 다녔던 사마천의 마음과, 조선 팔도를 수차례 걸어 다니며 작은 구릉과 갈래 길도 세세히 살폈던 김정호의 생각을 떠올려 본다.

이제, 우리는 '지역'에서 생성된 텍스트에 생명을 불어넣고 의미를 부여하는 작업을 시작할 것이다. 그동안 이들은 '생명 없는 생명체'였으며, '고립된 외딴섬'이었다. 비록 미약하지만 이후로 하나씩 '살아 있는 생명체'가 될 수 있도록 소중하게 발굴하고 겸손하게 살피고 애정으로 복원해 21세기 한국 사회의 지적 자산으로 확보하고자 한다. 그 방법은 단순하고 명쾌하다. 가까운 곳에서부터 하나씩 '고전'을 발굴하고 복원하는 것이다. 우리는 저들이 우리의 곁에 존재했건만 아직 손대지 못했음을 반성한다. 이후 복원된 생명들이 아름답게 어우러져 훌륭한 인간적, 인문적 세계를 이룰 수 있기를 기대해 본다. 많은 분들의 동참을 기다린다.

2022년 8월
지역 고전학 총서 기획 위원회

차 례

신당일록(新堂日錄) 서문 · · · · · · · · · · · · · 3

신당일록(新堂日錄)

1588년 1월 28일, 아우와 과거 길에 오르다 · · · · · · 11
1590년 6월 10일, 다시 서울 길에 오르다 · · · · · · · 29
1591년 1월 6일, 아우와 함안으로 가다 · · · · · · · 39
1591년 2월 6일, 청송으로 돌아오다 · · · · · · · · · 42
1591년 2월 26일, 아버님의 낙마 소식을 듣다 · · · · 43
1591년 3월 6일, 군위에서 과거에 응시하다 · · · · · 44
1591년 윤3월 6일, 말을 타고 재를 넘다 · · · · · · · 49
1591년 윤3월 26일, 함안으로 가다 · · · · · · · · · 50
1591년 4월 2일, 아버님을 모시고 오다 · · · · · · · 51
1591년 5월 21일, 영산으로 향하다 · · · · · · · · · 54
1591년 6월 26일, 오운과 이정(李瀞) 등을 만나다 · · 55
1591년 7월 3일, 이당과 술을 마시다 · · · · · · · · 58
1591년 7월 29일, 여러 벗들과 시를 짓다 · · · · · · 59
1591년 10월 22일, 호랑이 때문에 재를 넘지 못하다 · · 60

1591년 11월 8일, 여러 숙부님들께 인사를 드리다···63
1591년 11월 26일, 아내가 사내아이를 낳다····64
1591년 12월 22일, 함안에서 세모를 바쁘게 보내다··66
1592년 1월 1일, 지나가는 길에 이칭을 뵙다····67
1592년 1월 11일, 비 오는 날 청송을 향하다····69
1592년 2월 3일, 도산 서원 및 청량산을 유람하다···70
1592년 4월 6일, 왜구가 침입하다·········82
1592년 9월 19일, 함안으로 가서 안부를 묻다····96
1592년 9월 28일, 아이가 갑자기 죽어 화현에 묻다··101

시(詩)

순부와 함께 도산으로 가며(與順夫向陶山)·····105
청량산에서 제공과 함께 술잔을 나누며(淸凉山與諸公相酬韻)·····················107

조수도를 추모하며

추모정상량문(追慕亭上梁文)··········111
추모정기(追慕亭記)·············123
묘갈명(墓碣銘)··············127
유적비문(遺績碑文)·············135

추모정운(追慕亭韻) · · · · · · · · · · · · · · · 145

후지(後識) · · · · · · · · · · · · · · · · · 154

원문

신당일록 서(新堂日錄序) · · · · · · · · · · · 159
신당일록(新堂日錄) · · · · · · · · · · · · · 160
시(詩) · · · · · · · · · · · · · · · · · · · 183
조수도를 추모하며 · · · · · · · · · · · · · · 184
후지(後識) · · · · · · · · · · · · · · · · · 197

해설 · 199
부록 - 동계 조형도의 문학적 상상력 · · · · · · · 237
옮긴이에 대해 · · · · · · · · · · · · · · · · 307

신당일록

신당일록(新堂日錄) 서문

　공자께서, "덕(德)이 있는 사람은 반드시 들을 만한 말이 있지만, 들을 만한 말이 있다고 해서 반드시 덕이 있는 사람은 아니다"[1]라고 말씀하셨다. 대개 덕이라고 하는 것은 행실이요, 말이라고 하는 것은 꾸미는 것이다. 그 행실을 닦지 않고 다만 꾸미는 것을 숭상한다면 비록 수레에 실으면 소가 땀을 흘리고 집에 쌓으면 대들보까지 닿을 만큼[2] 많은 책을 읽었다고 하더라도 볼만한 것이 없다.
　가만히 생각건대, 신당(新堂) 조 공(趙公)[3]께서는 어계

---

1) 덕이… 아니다 : 공자는 "덕이 있는 사람은 반드시 들을 만한 말이 있지만, 들을 만한 말이 있다고 해서 반드시 덕이 있는 자는 아니다. 어진 사람은 반드시 용기가 있지만, 용기가 있는 사람이 반드시 어진 것은 아니다(子曰, 有德者必有言, 有言者不必有德, 仁者必有勇, 勇者不必有仁)"라고 했다. 《논어(論語)》〈헌문(憲問)〉 참조.
2) 수레에… 만큼 : 수레에 실어 끌면 마소가 땀을 흘리고 쌓아 올리면 들보에 닿을 만하다는 것으로, 장서(藏書)가 매우 많음을 뜻한다. 여기서는 이러한 책으로 공부한 것을 말한다. 유종원(柳宗元), 〈육문통선생묘표(陸文通先生墓表)〉 참조.
3) 신당(新堂) 조 공(趙公) : 조수도(趙守道, 1565~1593). 본관은 함안

선생(漁溪先生)4)의 5세손으로, 임진왜란5)을 맞이했을 때, 위로는 부모께서 모두 계시고 아래로는 다섯 형제가 있었다. 이에 동생 둘을 곽망우당(郭忘憂堂)6)의 화왕산성(火旺

(咸安), 자는 경직(景直), 호는 신당(新堂), 초명(初名)은 일도(一道). 아버지는 동지중추부사(同知中樞府事)를 지낸 조지(趙址, 1541~1599), 어머니는 습독(習讀)을 지낸 권회(權恢)의 딸 증 정부인(贈貞夫人) 안동 권씨(安東權氏)이며, 5형제 중 맏이다. 동생 조형도(趙亨道), 조순도(趙純道), 조준도(趙遵道), 조동도(趙東道)가 모두 현달했다. 할아버지는 부사직(副司直)을 지낸 조정언(趙庭彥), 증조할아버지는 의금부경력(義禁府經歷)을 지낸 조연(趙淵), 부인은 박유문(朴有文)의 딸 증 숙부인(贈淑夫人) 밀양 박씨(密陽朴氏)다.

4) 어계 선생(漁溪先生) : 조여(趙旅, 1420~1489). 조여의 본관은 함안(咸安), 자는 주옹(主翁), 호는 어계(漁溪). 부인은 흥양 이씨(興陽李氏)다. 1455년(세조 1) 수양 대군(首陽大君)이 왕위를 찬탈하자 과거 공부를 그만두고 함안으로 돌아와 서산(西山) 아래 은거했는데, 후세 사람들이 이 서산을 백이산(伯夷山)이라 불렀다. 단종이 유배지에서 사사당하자 위험을 무릅쓰고 찾아가 시신을 수렴했다고 전한다. 유지(柳輊), 김시습(金時習)과 교유했고, 생육신의 한 사람이다.

5) 임진왜란 : 원문에는 '현익지란(玄黓之亂)'이라 했다. '현익(玄黓)'은 고갑자(古甲子)에서 천간(天干)의 아홉째인 임(壬)을 뜻하니, 여기서는 임진왜란을 가리킨다.

6) 곽망우당(郭忘憂堂) : 곽재우(郭再祐, 1552~1617). 본관은 현풍(玄風), 자는 계수(季綏), 호는 망우당(忘憂堂)으로 임진왜란 때의 대표적인 의병장이다. 아버지는 황해도관찰사를 지낸 곽월(郭越)이며,

山城) 전투에 보내어 그와 더불어 힘을 다해 싸우도록 하는 한편, 양친을 업고 피란해 섶나무를 베고 나무 열매를 주워서 부모를 봉양하며 성심을 다했다. 험난한 경험을 두루 하면서도 8년 전쟁 가운데서도 생명을 온전히 보전하게 되었으니, 이것이 어찌 하늘이 충효에 감동해서 그러한 것이 아니겠는가?

아! 공은 고매하고 슬기로운 자질을 지니고 정절공(貞節公, 조여)의 가문에서 태어나 충효를 다반사로 하고 시례(詩禮)를 갖옷과 베옷처럼 해, 어린 나이에 아름다운 명성이 세상에 크게 드러났으나 사람들 가운데 천거하는 유사(有司)가 없었기 때문에 숨어 지내며 벼슬하지 않았다. 또 목숨이 길지 못해 겨우 옛사람들의 입지년(立志年)[7]에 세상을 떠

어머니는 진주 강씨(晉州姜氏)로 경상남도 의령(宜寧)에서 출생했다. 1592년 4월 14일 임진왜란이 일어나 왕이 의주(義州)로 피난하자 같은 달 22일 제일 먼저 의령에서 수십 명의 사람들을 모아 의병을 일으켰다.

7) 입지년(立志年) : 원래 입지년은 15세를 뜻한다. 《논어》에 "공자께서 말씀하시기를, 나는 15세에 학문에 뜻을 두었다(十有五而志于學)"라고 한 것에 근거한다. 그러나 조수도가 29세에 세상을 떠났으니, 《논어》의 "서른에 확고하게 섰으며(三十而立)"에 근거해 이립지년(而立志年)이라 해야 옳을 듯하다.

나고 말았으니, 천리(天理)가 거꾸로 된 것이 여기까지 이르게 되었는가!

이제 공이 세상을 떠난 지 400여 년이나 되었고 유풍과 남긴 은택이 끊어지지 아니하고 이어져서 많은 자손들8)이 갈수록 번성하니, 앞에서는 보잘것없는 듯하지만 뒤로는 풍성한 이치가 결단코 거짓이 아니다. 공의 훌륭한 잠언과 아름다운 규범은 뒷사람들의 모범이 될 만한 것이 매우 많았지만, 지금 여러 번 뽕나무밭이 바다로 변했고9) 전쟁 또한 많이 겪어, 전해 내려오던 전적(典籍)이 흩어지고 말아 남아 있는 것이 없으니 자손들이 통탄할 만한 부분이라 하겠다.

생각건대, 다행스럽게도 공이 어릴 때 동생과 함께 과거를 보러 갈 때 쓴 기행문 한 편이 백겁(百劫)의 오랜 비바람 속에서 겨우 보존되었으니, 거기에는 진실하고 거짓이 없어

---

8) 많은 자손들 : 원문에는 '불억지려(不億之麗)'라고 했다. 이것은 《시경》의 "상나라의 손자가, 그 수가 억뿐이 아니지마는, 상제가 이미 명한지라, 주나라에 복종했도다(商之孫子, 其麗不億. 上帝旣命, 侯于周服)"라고 한 것에서 인용한 것이다. 《시경》〈대아(大雅) · 문왕지십(文王之什)〉 참조.
9) 뽕나무밭이 바다로 변했고 : 상전벽해(桑田碧海), 즉 '뽕나무밭이 푸른 바다가 되었다'라는 뜻으로, 세상이 몰라볼 정도로 바뀐 것을 말한다.

참으로 덕 있는 사람의 말이 적혀 있었다. 이것은 고기 한 점으로 온 솥 안의 맛을 아는 것이며,10) 하나의 깃털로 상서로운 봉황의 색채를 모두 아는 것이라 할 만하다.

공의 자손 가운데 그 누가 규장(圭璋)과 공벽(珙璧) 같은 글을 보물로 여겨, 장차 인쇄11)에 부쳐 후세에 전하고자 하지 않겠는가? 어진 후손 용발(鏞柭)과 일래(一來) 등이 청송으로부터 300리12)를 멀다 하지 않고 와서 나에게 서문을 부탁했다. 내가 비록 아는 것이 피상적13)이고 말이 천박하지만 어진 후손들이 인(仁)을 밝히려는 마음에 감동해 참람함을 생각하지 않고 서문을 쓴다.

---

10) 고기… 것이며 : 고기 한 조각으로 솥 안에 있는 모든 음식의 맛을 안다는 것으로, 적은 작품으로도 한 개인의 시문이나 서화의 모든 작품의 수준이나 품격을 안다는 의미다.
11) 인쇄 : 원문은 '수민(手民)'이다. 수민은 본래 인쇄할 때 조판(彫版), 혹은 식자(植字) 작업을 하는 인쇄공을 가리키는 말인데, 여기서는 출판의 뜻으로 사용했다.
12) 300리 : 원문에는 '십사(十舍)'라 했는데, 1사(舍)가 30리이니 10사는 300리다.
13) 아는 것이 피상적 : 원문에는 '식부(識膚)'라 했는데, 이는 학문을 마음으로 깊이 하지 못하고 피상적으로 한다는 뜻인바, 장형(張衡)의 '말학부수(末學膚受)'란 말에서 인용한 것이다.

무진년(戊辰年, 1988) 8월[14] 하순에 장병규(張炳逵)[15]는 삼가 서문을 쓴다.

---

14) 8월 : 원문에는 '박조절(撲棗節)'이라 했는데 흔히 '박조절(剝棗節)'이라 한다. 대추를 터는 절기라는 뜻으로 음력 8월을 가리킨다. 《시경(詩經)》〈빈풍(豳風)〉〈칠월(七月)〉에 "팔월에는 대추를 턴다(八月剝棗)"라고 한 데서 나온 말이다.
15) 장병규(張炳逵, 1910~1993) : 본관은 인동(仁同)이며 자는 효언(孝彦), 호는 오야(午野)다. 아버지는 장욱상(張旭相)이며 어머니는 안동 권씨다. 시문집으로 《오야집(午野集)》이 있다.

신당일록(新堂日錄)

1588년 1월 28일, 아우와 과거 길에 오르다

 지난 무자(戊子 : 1588, 선조 21)년 정월 28일,16) 아우 경달(景達)17)과 함께 회시(會試)18)를 보기 위해 양친과 이별하고 새벽밥19)을 먹고 길에 올랐다. 산인(山人)20) 학명(學

---

16) 무자(戊子)년 정월 28일 : 1588년 1월 28일, 당시 조수도의 나이 24세다. 월일은 모두 음력으로, 이하 모두 같다.
17) 경달(景達) : 조형도(趙亨道, 1567~1637)의 처음 자다. 본관은 함안(咸安)이다. 뒤에 대이(大而)로 자를 바꾸었다. 호는 동계(東溪)이며, 자칭 청계도사(淸溪道士)라 일컬었다. 생육신 조여(趙旅)의 5대손으로, 아버지는 동지중추부사 조지(趙址)이며, 큰아버지 조우(趙堣)에게 입양되었다. 부인은 부윤 오운(吳澐)의 딸이다. 1583년(선조 16) 첨지 민추(閔樞)에게 수학했으며, 1587년 정구(鄭逑)를 사사한 뒤 3년간 향시에 연이어 장원했다. 조형도의 문학적 상상력에 대해 이 책의 부록에서 자세하게 다루었으니 참고하기 바란다.
18) 회시(會試) : 초시에 급제한 자가 서울에 모여 다시 복시(覆試)를 치른다. 여기서 급제한 자가 전시(殿試)를 보는 것이 원칙이다. 《만기요람》〈재용편〉 참조.
19) 새벽밥 : 원문에는 '욕식(蓐食)'이라 했다. 이는 아침 일찍 잠자리 위에서 식사하는 것이기 때문에 이렇게 불렀다. 성간(成侃)의 〈원시(怨詩)〉에, "새벽밥 먹고 동쪽 밭둑에 갔다가, 저물녘에 쓸쓸한 마을에 돌아와 우네(蓐食向東阡, 暮返荒村哭)"라 했다.

明) 또한 따라왔다.

정오가 되어 서촌(西村)21)에 당도했는데, 친구들이 술을 갖고 와서 서로 정담을 나누었다. 이곳은 지난날 내가 와서 놀며 시를 읊조리던 곳이었다. 장천 서원(長川書院)22)에 투숙했는데, 신달부[申達夫, 신지효(申之孝)]23)·신순부[申順夫, 신지제(申之悌)]24)·신선부[申善夫, 신지신(申之信)]25)

---

20) 산인(山人) : 산속에서 사는 사람이라는 뜻에서 승려(僧侶)나 도사(道士)를 일컫는 말.
21) 서촌(西村) : 의성의 귀미(龜尾)를 말한다. 현재 경북 의성군 봉양면 구미리에 소재한다. 여기에 오봉 신지제의 종택이 있다.
22) 장천 서원(長川書院) : 경상북도 의성군 춘산면 빙계리(氷溪里)에 있다. 주세붕(周世鵬, 1495~1554)의 제자 신원록(申元祿, 1516~1576)이 그 형 신원복(申元福)과 함께 1568년(선조 1)에 건립했다. 조선 선조 때 경상북도 의성군 의성읍 오로리(五老里) 구리못 근처에 있던 것을 임진왜란(壬辰倭亂) 이후 춘산면 빙계리(氷溪里)로 옮겼다. 묘우를 짓고 모재 김안국을 배향했으며 이때 장천(長川)이라 사액받았다.
23) 신달부(申達夫) : 신지효(申之孝, 1561~1592)로 '달부'는 그의 자다. 본관은 아주, 호는 응암(鷹巖). 아버지는 몽득(夢得)으로 의성에 살았다. 김언기(金彦璣)의 문인으로, 효성이 지극하고 학자로 명성이 높았다. 임진왜란이 일어났을 때 부모님을 모시고 피난하다 왜적에게 잡혀 죽는 순간까지도 부모님을 모시지 못함을 한탄했다. 저서로는 《응암실기(鷹巖實記)》가 전한다.

가 있었다. 함께 자면서 서로 회포를 풀었다.

다음 날[1월 29일] 아침 제군과 작별하고 병산(屛山)으로 달려갔는데, 곧 비안(比安)[26]이다. 그때 외숙[27]께서 그 고

---

24) 신순부(申順夫) : 신지제(申之悌, 1562~1624)로 '순부'는 그의 자다. 본관은 아주, 호는 오봉(梧峯) 혹은 오정(梧亭)이다. 아버지는 몽득(夢得)으로 의성에 살았다. 김성일(金誠一), 김언기(金彦璣)의 문인으로, 1589년 증광시(增廣試) 갑과로 문과에 급제했으며, 임진왜란 시 예안현감(禮安縣監)으로 군대를 모집해 항쟁했다. 장대 서원(藏待書院)에 제향되었다.
25) 신선부(申善夫) : 신지신(申之信, 1566~1632)으로 '선부'는 그의 자다. 본관은 아주, 호는 독현(獨峴)이다. 아버지는 몽득(夢得)으로 의성에 살았으며, 김언기(金彦璣)의 문인이다. 《교남지(嶠南誌)》 참조.
26) 비안(比安) : 일명 병산(屛山). 경상북도 의성군(義城郡) 비안면(比安面) 지역에 있었던 현 이름이다. 본래 신라의 아화옥현(阿火屋縣)이었는데, 경덕왕(景德王) 때에 비옥현(比屋縣)으로 고쳤고, 고려 공양왕(恭讓王) 2년(1390)에 안정현(安貞縣)에 붙였으며, 조선 세종(世宗) 3년(1421)에 안비현(安比縣)으로 고쳤다가, 동왕 5년에 치소(治所)를 비옥현(比屋縣)으로 옮기고 비안현으로 개칭했다. 고종(高宗) 32년(1895)에 군(郡)으로 승격했다가 1913년에 의성군에 합병했다.
27) 외숙 : 원문에는 '외구(外舅)'로 되어 있다. 권계창(權繼昌)을 말하며, 그는 본관은 안동(安東), 자는 자술(子述), 호는 조은(釣隱)으로 청송에 살았다. 선조 때 훈도(訓導)를 제수받아 첨지중추부사(僉知中樞府事)에 올랐다.

을의 교수로 계셔서 인사를 드리고 그곳에서 잤다. 외숙께서도 조만간에 퇴임을 한다고 하셨다.

다음 날[2월 1일] 새벽에 외숙을 작별하고 유천원(柳川院)에서 아침밥을 먹고 저물녘에는 간신히 화풍(和楓)에 이르러 수산(秀山)에서 머물러 자게 되었는데, 상산(商山, 상주) 땅이다. 다만 주인을 보니 주인 상하가 한데서 앉은 채로 새벽닭이 울기를 기다리고 있었다. 여행길의 어려움이 이다지도 비참했다. 한 노비가 갑자기 복통(腹痛)이 와서 배를 몹시 아파했는데 약을 먹고 나았다. 참으로 다행스럽다.

다음 날[2월 2일] 새벽 일찍 출발해 덕통(德通)에서 아침밥을 먹었는데, 함창(咸昌) 땅이다. 길을 재촉해 신원(新院)에 투숙했으니 문경(聞慶) 땅28)이다.

다음 날[2월 3일] 새벽에 노복(奴僕)을 뒤에 두고 먼저 본고을 관아로 달려 들어갔는데, 현감 조종도(趙宗道)29)는 나

---

28) 덕통(德通)에서… 문경(聞慶) 땅 : 영남대로 위에 있던 주요 교통로로, '낙원역(洛源驛)-덕통역(德通驛)-유곡역(幽谷驛)-굴우(窟隅)-신원(新院)-마포원(馬浦院)-문경(聞慶)-초곡(草谷)'으로 이어진다.
29) 조종도(趙宗道, 1537~1597) : 본관은 함안(咸安), 자는 백유(伯由), 호는 대소헌(大笑軒), 시호는 충의(忠毅)로 조식(曺植)의 제자다. 1558년(명종 13) 생원시(生員試)에 합격하고, 천거로 안기도찰방(安

와 형제 항렬이었다. 아동(衙童)30)인 영한(英漢)31) 및 영혼(英混)32) 등과 서로 인사를 나누었다.

다음 날[2월 4일]은 머물면서 주인 및 제군(諸君)과 함께 술을 마시고 헤어졌다.

다음 날[2월 5일]도 머물렀고, 그다음 날[2월 6일]도 머물렀다. 주인이 이별의 술자리를 마련해 주었다. 안동의 김윤

奇道察訪)이 되고, 1585년(선조 18) 양지현감(陽智縣監) 때 선정해 표리(表裏, 옷의 겉감과 속감)를 하사받았다. 1587년 금구현령(金溝縣令)이 되었다가, 1589년 정여립(鄭汝立)의 모반 사건에 연루되어 투옥된 뒤 풀려나, 1592년 임진왜란 때 안음현감(安陰縣監)이 되고 함양군수를 지내다가 병으로 물러났다. 정유재란(丁酉再亂) 때 의병을 모아 안의(安義)의 황석산성에서 왜장 가토 기요마사가 인솔한 적군과 싸우다 전사했다. 경사(經史)에 밝고 해학을 즐겼다.
30) 아동(衙童) : 일반적으로 고을 원의 비서 일을 맡아보던 젊은 사람, 흔히 책방(冊房)이라고 불렀다. 여기서는 고을 원의 아들, 조영한(趙英漢)과 조영혼(趙英混)을 말한다.
31) 영한(英漢) : 조영한(趙英漢). 본관은 함안으로 자는 대항(大沆), 음천(蔭薦)으로 참봉을 했으며, 참판(參判)에 증직되었다. 조종도의 아들로 일본에 억류되었다가 풀려났다.
32) 영혼(英混) : 조영혼(趙英混). 본관은 함안으로 자는 대순(大淳), 호는 삼백당(三白堂)으로 무과에 급제해, 부영도호부사(富寧都護府使)를 지냈다. 조종도의 아들이다.

안(金允安)33)·윤사(允思)34)·윤명(允明)35) 등이 또한 서울 가는 길에 와서 함께 자게 되었다. 이날 저녁에 영한(英漢), 영혼(英混)과 다시 술을 주거니 받거니 하면서 시를 무수히 읊조렸다.

다음 날[2월 7일], 주인과 작별을 할 때 주인이 노자(路資)를 두둑이 주면서 참으로 관후(寬厚)했는데, 얼마나 고

---

33) 김윤안(金允安, 1560~1622) : 본관은 순천(順天), 자는 이정(而靜), 호는 동리(東籬). 아버지는 박(博)으로 안동에 살았다. 유운룡(柳雲龍)·유성룡(柳成龍)·구봉령(具鳳齡)·정구(鄭逑)의 문인. 1588년 생원에 합격해, 임진왜란 때 형 윤명(允明)과 함께 김해(金垓) 휘하에서 활약했다. 1612년 증광시(增廣試) 갑과로 급제했으며, 1613년 대구부사(大邱府使)로 있을 때 탐관의 횡포를 바로잡고 주민 교화에 주력했다. 화천 서원(花川書院)에 제향되었고, 문집으로는 《동리집(東籬集)》이 전한다. 묘갈명은 권유(權愈)가 지었다. 《교남지(嶠南誌)》 참조.
34) 윤사(允思) : 김윤사(金允思, 1552~1622). 본관은 순천(順天), 자는 이득(而得), 호는 송음(松陰). 아버지는 박(博)으로 안동에 살았다. 1588년 식년시(式年試) 3등으로 진사에 합격했고, 찰방(察訪)을 제수받았다. 《사마방목(司馬榜目)》, 《교남지》 참조.
35) 윤명(允明) : 김윤명(金允明, 1541~1604). 본관은 김녕(金寧), 자는 수우(守愚), 호는 송간(松磵) 혹은 정양당(靜養堂). 아버지는 박(博)으로 안동에 살았다. 1568년 증광시(增廣試) 3등으로 생원에 합격했으며 안음현감(安陰縣監)을 지내고, 임진왜란 때 동생 윤안(允安)과 함께 김해(金垓) 휘하에서 활약했다. 《사마방목》, 《교남지》 참조.

마운지 모르겠다. 다만 아우가 새벽부터 우연히 귓병을 얻어 마음으로 몹시 걱정스러웠다. 지나가는 길에 용추(龍湫)를 감상했는데 진실로 하나의 빼어난 경치였다. 한참을 배회하며 갈 길이 바쁘다는 것도 잊고 말았다. 하인이 길을 재촉하기에 산중의 해를 보니 이미 한낮이었다.

다시 멀지 않은 곳에 있는 승경을 찾아 〈채련곡(採蓮曲)〉36)과 〈귀래부(歸來賦)〉37)를 부르며 감상했다. 나와 산인 학명은 서로 바라보고 웃으면서 애석해했다. 채찍을 휘둘러 열 걸음에 아홉 번을 돌아보니 친구와 헤어지면서 많은 미련이 있는 듯했다.

조령 위에 이르니 의성(義城)의 박영(朴泳)38)과 의흥(義興)의 이정남(李挺南)39)이 앞서거니 뒤서거니 하면서 왔다.

---

36) 〈채련곡(採蓮曲)〉: 〈강남채련곡(江南採蓮曲)〉이라고도 한다. 멀리 헤어져 있는 부부가 서로 그리워하는 애절한 심경을 노래하는 뜻이 주종을 이루고 있다. 작품으로는 남조(南朝) 양(梁)나라 유운(柳惲)의 5언 고시, 당(唐) 이익(李益)의 5언 절구, 당 저광희(儲光羲)의 5언 절구 등이 있다.

37) 〈귀래부(歸來賦)〉: 도연명의 〈귀거래사(歸去來辭)〉를 말한다. 세상과 타협하기를 거부하고 자연을 벗 삼아 즐기는 삶을 노래한 전원시의 백미다.

38) 박영(朴泳, ?~?): 본관은 함양(咸陽)으로 의성에 살았다.

안부(安富)에서 말을 먹였는데, 연풍(延豊) 땅이다. 재촉해 가서 수회리(水廻里)에서 투숙했다.

다음 날[2월 8일] 새벽에 출발해 장항(獐項)에서 아침밥을 먹었고, 달천(㺚川)에서 투숙했는데 충청도(忠淸道) 충주(忠州) 땅이다. 고개 이전부터는 모두 충청도 소속이었다.

다음 날[2월 9일] 새벽에 출발해 용안(龍岸)에서 말을 먹이고 방원(方院)에서 투숙했다. 진성(晉城, 진주)의 영곤(永坤)과 가수(嘉樹)의 이현우(李賢祐)[40]와 이곤갑(李坤甲)이 와서 서로 보았다. 이날 밤 눈바람이 어지럽게 일어났으니 먼 땅에서 온 나그네의 회포를 어디에 비기겠는가?

다음 날[2월 10일]은 늦게 일어나 아침을 먹고 힘들게 죽산(竹山) 앞의 개울에 도달했는데, 산인이 말하기를,

"충주 땅을 오늘에서야 비로소 다 지났습니다."

---

39) 이정남(李挺南, ?~?) : 본관은 흥양(興陽), 호는 귀천(龜川), 아버지는 천석(天錫)으로 군위의 의흥(義興)에 살았다. 정구(鄭逑)의 문인으로 1612년 증광시(增廣試) 3등에 합격했다. 찰방(察訪)을 지냈다. 《사마방목》, 《교남지》 참조.
40) 이현우(李賢祐, 1548~?) : 삼가에 살았으며, 임진왜란을 맞아 충성을 다해 싸웠다.

라고 했다.

승부원(承夫院)에서 투숙했다.

다음 날[2월 11일] 새벽 눈을 무릅쓰고 출발했는데, 아침밥은 석잔(石盞)에서 먹었고 용인(龍仁)의 주막에서 투숙했다. 눈이 크게 내렸으며 아우의 노비 춘근(春斤)이 또 병이 나서 갈 수가 없어서, 말에 태우고 갔다.

다음 날[2월 12일] 새벽에 출발해 판교(板橋) 주막에서 아침밥을 먹고 저물녘에 곧바로 한강을 건너 남산(南山)을 지나 숭례문(崇禮門)으로 들어가 함안의 경저(京邸)41)에 투숙했는데, 밤이 이미 삼경이었다. 같은 군의 봉사(奉事) 이형(李亨)42)이 와서 머물고 있었는데, 10년 만에 만난 선달(先達), 아! 늙었도다.

다음 날[2월 13일] 새벽 종각의 종이 처음 울릴 때 인왕동(仁王洞)으로 들어가서 선전관(宣傳官) 조응도(趙凝道)43)

---

41) 경저(京邸) : 조선 시대 서울에 둔 지방 각관(各官)의 분실공서(分室公署)를 말한다. 여기서는 함안군의 서울 관아를 말한다.
42) 이형(李亨, 1512~1592) : 본관이 성산으로, 문과에 급제했으나 10년 동안 벼슬에 나아가지 못했다. 당시 함안의 봉사(奉事)였으며, 임진왜란을 맞아 아버지 이영(李伶)과 함께 의병에 참여했다가 전사했다.
43) 조응도(趙凝道, ?~1597) : 본관은 함안, 자는 여수(汝修), 호는 송

형이 임시로 사는 곳에서 함께 있기로 했다. 아우의 이통(耳痛)이 요즘 또 심해져서 몹시 걱정이다.

다음 날[2월 14일] 주부(主簿) 숙모님44)을 가서 조문했는데, 주인인 조의도(趙毅道)45) 형은 파주의 여막(廬幕)에 가 계셨다. 다만 성 상사(上舍)46)와 문준(文濬)47)만 보고 나왔

오(松塢). 선조 때 무과에 급제한 뒤 1592년(선조 25) 고성현령으로 있을 때 임진왜란을 맞았다. 진주성 전투에서 왜적을 맞아 김시민(金時敏)과 함께 싸웠으며, 거제 기문포 해전(器門浦海戰)에서도 크게 활약했으나 정유재란 때 전사했다. 난후에 병조참의에 증직되었다.

44) 주부(主簿) 숙모님 : 주부 감(堪)의 배위로 수원 백씨다. 조의도(趙毅道)의 어머니이며 저자 조수도의 종숙모다. 조감(趙堪)은 1585년(선조 18) 종부시주부(宗簿寺主簿)를 지낸 적이 있다.

45) 조의도(趙毅道, 1548~1601) : 본관은 함안, 자는 강백(剛伯)으로 아버지는 조감(趙堪), 어머니는 수원 백씨다. 1592년(선조 25) 임진왜란이 발발해 왕이 의주로 몽진했을 때 처음으로 관직에 나아가 임시 조정에서 전설시별제(典設寺別提)로 임용되었으며, 이후 예빈시직장(禮賓寺直長) 군자감주부(軍資監主簿)를 지냈으며 임진왜란에 공을 세워 선무원종공신록(宣武原從功臣錄)에 녹권(錄券)되었고 첨정(僉正)으로 승급되었으나 부임하지 못했다.

46) 성 상사(上舍) : 행훈련원판관(行訓鍊院判官)을 지냈던 조탄(趙坦, 1552~1612)이 아닌가 한다. 이 책에서는 '성 상사(成上舍) 숙부' 등으로 등장한다.

47) 문준(文濬) : 성문준(成文濬, 1559~1626). 창녕 성씨로 자는 중심

다. 외숙[권계창(權繼昌)][48]을 병산 경저(屛山京邸)로 가서 뵈니 이미 성안으로 들어가 계시지 않았다.

다음 날[2월 15일] 아우의 병을 무릅쓰고 《중용》과 《대학》을 시강하고 저물녘에 돌아왔다. "세상에 가장 공정한 것은 백발(公道世間惟白髮)"[49]이라는 구절을 지금 징험(徵驗)할 만하다.

청파(靑坡)에 사는 친구 신수갑(愼秀甲)[50] 군이 우리가 왔다는 소식을 듣고 술을 들고 와서 위로해 주었다. 안부를

(仲深), 호는 영동(永同) 혹은 창랑(滄浪). 할아버지는 현감 성수침(成守琛)이고, 아버지는 좌참찬 성혼(成渾)이며, 어머니는 고령 신씨(高靈申氏)로 첨정(僉正) 신여량(申汝樑)의 딸이다. 저서로는 《태극변(太極辨)》, 《홍범의(洪範義)》, 《창랑집(滄浪集)》이 있다.

48) 외숙 : 권계창(權繼昌, ?~?)을 말한다. 본관은 안동, 자는 자술(子述), 호는 조은(釣隱)이다. 선조 때 훈도(訓導)를 제수받아 첨지중추부사(僉知中樞府事)에 올랐다. 일찍이 신언(申灃)·조지(趙址)·민추(閔樞) 등와 함께 날마다 강론하며 학문을 연마했다.

49) 세상에 가장 공정한 것은 백발(公道世間惟白髮) : 두목(杜牧)의 〈송은자(送隱者)〉 시에, "세간에 가장 공정한 것은 오직 백발이라, 귀인의 머리도 일찍이 봐준 적이 없다네(公道世間惟白髮, 貴人頭上不曾饒)"라고 한 것에서 온 말이다.

50) 신수갑(愼秀甲, ?~?) : 자는 사선(士選)으로 찰방(察訪)을 지냈으며, 응경(應卿)의 증손서(曾孫壻)다.

묻기도 전에 반색을 하면서 서로 잡고 막혔던 회포를 풀었다. 헤어질 때 청어 10마리를 주면서 전송했으며, 한 줄기 맑은 바람이 일어나는 듯했다. 함안에 사는 조남(趙楠)51)이 일찍이 유학을 와서 공부하고 있었는데, 와서 인사하므로 청어를 주어 보냈다.

다음 날[2월 16일] 새벽 아우의 병든 몸을 부축해 과장에 들어갔다가 저물녘에 나왔다. 부제(賦題)52)는 〈앵두를 올리다(薦櫻桃)〉53)였다.

다음 날[2월 17일] 아우는 병들어 누워서 신음하고, 나는 외숙을 가서 뵙고 돌아왔다.

다음 날[2월 18일] 새벽에 나 또한 과장에 들어갔다가 저물녘에 나왔다.

---

51) 조남(趙楠, ?~?) : 본관은 함안으로, 수직(壽職)을 지냈으며 가선대부(嘉善大夫)에 증직되었다
52) 부제(賦題) : 과거를 볼 때 쓰게 하는 부의 시험(試驗) 제목.
53) 〈앵두를 올리다(薦櫻桃)〉: 《예기》〈월령(月令)〉 '중하지월(仲夏之月)' 조에 "함도(含桃)로써 제수를 삼되 침묘(寢廟)에 먼저 올린다" 했다. 함도는 앵두다. 두보(杜甫)의 〈수경(收京)〉에 "돌아갈 때는 앵두 올릴 철에 미치리(歸及薦櫻桃)"라고 했다. 음력 5월인 중하(仲夏)를 뜻한다. 우리나라에서도 단옷날에 앵두를 따서 사당에 올리는 풍속이 있었다.

다음 날[2월 19일] 파주(坡州)로 말을 달려 갔는데 길에 모화관(慕華館), 사점(沙店), 벽제(碧蹄) 등지를 지나 저녁 무렵에 파주에 도착했다. 당숙의 영전에 통곡을 하니, 묵은 풀 차가운 안개가 슬프게도 무덤54)에 가득 서려 있었다. 한바탕 길게 통곡했지만 나의 슬픔을 어찌 다할 수 있을까!

다음 날[2월 20일] 아침 제물을 갖추어 배곡(拜哭)했다. 다만 생각하니, 고향을 버리고 벼슬길에 올라 10년 동안 골몰하다가 한 고을도 얻지 못하고, 마침내 만금 같은 몸이 1000리 타향의 황량한 무덤에 묻히게 되었다. 인간사가 여기에 이르게 되었으니 비통함을 견줄 데가 없도다. 형과 곡하며 이별하고 말을 타고 돌아와 황혼 무렵에 성안으로 들어왔다. 비록 높고 큰 궁궐이 장대하지만 부질없다는 것을, 소자유(蘇子由)55)의 글을 통해 비로소 믿게 되었다.

---

54) 무덤 : 원문에는 마렵(馬鬣)이라 했다. 봉분을 도끼 모양으로 만드는 것을 말한다. 자하(子夏)가 말하기를 "예전에 부자(夫子)께서 말씀하시기를, '내가 옛날에 보니 봉분을 쌓는 것을 당(堂)처럼 쌓은 것이 있고, 제방처럼 쌓은 것이 있으며, 하(夏)나라 때의 가옥처럼 쌓은 것이 있고, 도끼처럼 쌓은 것이 있다. 나는 도끼처럼 하는 것을 따르겠다' 했는데, 이것이 바로 세속에서 이른바 마렵봉(馬鬣封)이라고 하는 것이다"라 했다. 《예기(禮記)》〈단궁(檀弓)〉 참조.
55) 소자유(蘇子由) : 소철(蘇轍, 1039~1112)로 '자유'는 그의 자다. 소

아우의 병세가 어제부터 더욱 극심해져서 인사불성(人事不省)이었다. 의약을 써 보았지만 아무런 효험이 없었다. 1000리 먼 길의 나그네가 되어 근심과 걱정을 누구와 더불어 풀어 볼까! 베개 하나로 어깨를 나란히 해서 베고 있노라니 수만 가지 생각만 더할 뿐이구나.

다음 날[2월 21일] 외숙과 시골 노인 이춘수(李春壽)가 와서 먼저 서울을 떠날 것이라고 말했다. 같이 나그네의 괴로움을 겪은 처지라 먼저 고향 분들을 보내노라니 불우한 마음이 또다시 일어났다. 머리를 돌려 고향의 산을 바라보니 돌아가고 싶은 마음이 날로 간절했다. 무명 두 필로 말 한 필을 구해 우리 병든 아우를 태워 보냈다. 이미 여수(汝修, 조응도) 형과 이별했고, 또 주부(主簿) 숙모님과도 절하며 이별했다.

다만 산인 학명과 함께 나란히 짝을 이루며 걸어서 서대

철은 소식(蘇軾)의 동생인데, 불교의 영향을 받은 작품을 주로 썼다. 그는 또한 "노자(老子)가 맹자보다 2~3등(等)이 더 높다"라고 하면서, "지금 81장의 주가 있으니, 도를 노자의 문하에게 묻는다(近存八十一章註, 從道老聃門下人)"라 하기도 했다. 이 때문에 작자가 서울에 돌아와 고루거각(高樓巨閣)을 보면서도 죽은 당숙을 생각하며 소철의 허무주의 내지 현실 부정적인 글이 비로소 믿을 만하다고 했던 것이다.

문(西大門)을 나와 한강을 건넜다. 외숙을 모신 아우 일행은 이미 멀리까지 갔을 것이라 생각했다. 남산을 돌아보니, '아름다운 임이 그리워 잊을 수가 없네(懷佳人兮不能忘)'[56]라는 정의(情意)가 있었다.

    10리를 가지 못해 다릿심이 이미 빠져 한 걸음도 움직이기 어려운데, 홀연히 흰옷을 입은 사람이 나타나 백마를 타고 오고 있었다. 산인을 시켜서, '남쪽 지방에 사는 곤궁한 선비가 말을 빌려 앞 주막까지만 가기를 원합니다'라고 청하게 하니, 그가 말을 세워 타기를 허락했다. 성함을 물어보니 곧 서울의 동대문 밖에 사는 조주(曺偶)라는 사람으로 용인에 가는 길이었다고 한다.

---

56) 아름다운 임이 그리워 잊을 수가 없네 : 한 무제(漢武帝)가 지었다고 하는 〈추풍사(秋風辭)〉의 일부분이다. 그 노래는 다음과 같다. "가을바람이 일고 흰 구름이 날아가네, 초목은 시들어 떨어지고 기러기는 남으로 돌아가네. 난초는 빼어나고 국화는 향기로우니, 아름다운 임이 그리워 잊을 수가 없네. 누선을 띄워서 분하를 건너가니, 중류를 가로질러 흰 물결을 날리네. 퉁소와 북소리 울려 퍼지고 뱃노래 부르니, 환락이 극에 이르러 슬픈 정이 많아지네. 젊은 시절이 얼마인가 늙어 감을 어이할꼬!(秋風起兮白雲飛, 草木黃落兮雁南歸, 蘭有秀兮菊有芳, 懷佳人兮不能忘. 泛樓船兮濟汾河, 橫中流兮揚素波. 簫鼓鳴兮發棹歌, 歡樂極兮哀情多. 少壯幾時兮奈老何!)"

갈림길에 도착해 말에서 내려 인사를 하며 작별하니, 조 군이 나의 자(字)를 기억하며 말했다.

"오늘의 만남은 실로 하늘의 뜻입니다. 훗날 서울에 오시거든 방문해 주시면 다행이겠습니다."

나 또한 인사를 하고 손을 흔들어 작별했다. 내가 산인에게 말했다.

"짧은 만남의 정57)이 족친(族親)보다 낫다고 하더니 진실로 그러하다. 만약 조 군이 아니었다면 나는 대단히 힘들었을 것이다."

지팡이를 짚고 어렵게 판교의 주막에 도착하니, 외숙이 이씨(李氏) 노인[이춘수를 말함]을 모시고 밥을 지어 놓고 나를 기다리고 있었다. 아우는 몸져누워 신음하니 참으로 근심스럽고 근심스럽다.

다음 날[2월 22일] 새벽에 출발해 행원(行院)에서 아침밥

---

57) 짧은 만남의 정 : 원문에는 '경개(傾盖)'라 했다. 이는 마차가 정차할 때 잠시 덮개가 옆으로 비스듬히 기울어지는 것을 말한다. 그러한 짧은 순간 몇 마디 말을 나누었어도 뜻이 통해 오랜 친구 같다는 것이다. '백두여신 경개여고(白頭如新 傾盖如故)'라는 속담이 있다. 어떤 사람은 백발이 될 때까지 오랫동안 알고 지냈지만 막 알게 된 사람 같고, 어떤 사람은 우연히 잠깐 만났는데도 오랜 친구 같다는 의미다.

을 먹었고 석잔(石盞)에서 투숙했다. 아우의 병은 조금 낫는 듯했다.

다음 날[2월 23일] 새벽 출발해 죽산(竹山)의 대평원(大坪院)에서 아침을 먹고, 방원(方院)에서 투숙했다. 다릿심이 매우 고달파서 일생 동안 힘들고 어려운 것이 이보다 심한 것이 있겠는가? 이날 밤 비가 줄을 잇듯 많이 와서 내일 갈 길이 또한 걱정이었다.

다음 날[2월 24일] 잠잔 곳에서 아침을 먹고 비를 무릅쓰고 출발하니 물을 건너고 진흙길을 걸어 넘어지기를 수도 없이 하며 어렵게 용안(龍岸)에 이르러 홀연히 종과 말을 만나 집안이 편안하다는 말을 들으니 반갑기 그지없었다. 장항(獐項)에 투숙했다.

다음 날[2월 25일] 새벽에 출발해 안부(安富)에서 아침밥을 먹고 한낮에 조령을 넘으니 해가 서쪽으로 기울고 있었다. 갈 길이 매우 멀어 다시 용추(龍湫)를 구경할 겨를이 없어 서운한 마음을 이길 수 없었다. 화봉원(華封院)에서 말을 먹였는데 문경 땅이다. 현감조종도를 말함은 이미 해임되어 떠났다고 한다. 불정원(佛井院)에 이르러 이씨 노인과 작별하고 그곳에서 투숙하니 밤이 이미 삼경이었다.

다음 날[2월 26일] 새벽 수산(秀山)에서 아침밥을 먹고 유천원(柳川院)에서 말을 먹이고, 병산 향교(屛山鄕校)에 투숙하니 밤이 이미 깊었다. 아우의 병은 이미 차도가 있어 참으로 다행이다.

다음 날[2월 27일] 아침 주인과 작별을 하고 달려 도리원(桃李院)으로 와서 아침밥을 먹었다. 역곡(驛谷)에서 말을 먹이고 저물녘에 서촌(西村)으로 들어와 집 앞을 바라보니 버들이 피어나고 매화 꽃잎이 뾰족해 눈에 가득 아름다움을 다투니 1년의 봄빛이 오늘 더욱 새로웠다. 이로 인해 〈감흥(感興)〉 일절을 읊조렸다.

다음 날[2월 28일] 아침 말을 재촉하며 몰아 집으로 돌아오니 어머님은 편안하시고 함안 또한 편안하다고 하니 매우 기뻤다. 유일재(惟一齋) 선생58)의 부음을 듣고, 제물을 갖추고 가서 곡을 하고 돌아왔다.

---

58) 유일재(惟一齋) 선생 : 김언기(金彦璣, 1520~1588)로 본관은 광산(光山), 자는 중온(仲昷). 유일재(惟一齋)는 그의 호다. 아버지는 성균진사 김주(金籌), 어머니는 순흥 안씨(順興安氏) 안처정(安處貞)의 딸이다. 이황(李滉)의 문인이다. 저자 조수도는 김언기의 문인이다.

1590년 6월 10일, 다시 서울 길에 오르다

지난 경인(庚寅 : 1590, 선조 23)년[59] 6월 초10일, 아우 준도(遵道)[60]의 일로 아침 일찍 서울로 떠나게 되었다. 서촌(西村)에서 말을 먹이고 병산현(屛山縣)[61] 내에서 투숙했는데 해가 아직 높이 있었다. 이날 밤 비가 잠시 뿌렸다.

다음 날[6월 11일] 새벽에 출발해 5리도 가지 않아 노복(奴僕)과 나귀가 모두 절뚝거려서 간신히 유천원(柳川院)에 도착했는데, 말이 지치고 병든 것이 심한 듯하다.[62] 또한 날

---

59) 경인(庚寅)년 : 당시 조수도 나이 26세였다.
60) 준도(遵道) : 조준도(趙遵道, 1576~1665). 본관은 함안, 자는 경행(景行), 호는 방호(方壺)로 청송에 살았다. 김언기(金彦璣)의 문인이다. 1627년 정묘호란 때에는 고을 사람들과 함께 창의하고 사재를 털어 군수 물자를 조달했고, 1629년 행의로 천거되어 의영고주부(義盈庫主簿)를 제수받았으나 사퇴했다. 1664년 수직(壽職)으로 통정대부(通政大夫)에 오르고, 이어 부호군(副護軍)을 지냈다. 효심이 지극해 선영 아래 풍수정(風樹亭)을 지어 늙도록 부모를 사모하니, 이민성(李民宬) 등 고을 선비들이 시를 지어 한 권의 책을 만들기도 했다. 저서로는 《방호집(方壺集)》 5권이 전한다. 《청송군지(靑松郡誌)》 참조.
61) 병산현(屛山縣) : 지금의 경북 의성군 비안면의 옛 이름이다.
62) 말이… 듯하다 : 본문에는 '현황(玄黃)'이라 했는데, 지치고 병든 말

이 이미 저물어 밥을 할 무렵, 바라보니 여러 사람들이 문서를 갖고 먼 곳으로부터 지나가는데 자세히 보니 얼굴이 익은 사람이었다. 앞으로 오길래, 꿇어앉아 문서를 펼쳐 보니, 곧 신임 관찰사가 도임(到任)한다는 이문(移文)63)이었다. 열람하기를 마친 후 역리(驛吏)64)에게 나귀의 병을 치료하게 했는데, 신기하게도 빠른 효과가 있었다.

채찍을 재촉해 화풍(和楓)에 이르니 비가 많이 온 후라 물이 매우 불어나 큰 나루를 건너고 또 작은 시내를 건너면서 말이 모래 가운데서 넘어져 옷이 모두 젖고 말았다. 또한 맑은 바람마저 없었다. 집을 떠난 지 며칠 만에 어려운 일이 너무 많아 멀리 가는 나그네의 심정이 매우 두려웠다. 덕통(德通)에 투숙하니 검은 구름이 사방에서 모여드는데 바람

을 뜻한다. 《시경》에서 "저 높은 산등성이 어떻게 올라갈까, 내 말이 피곤해서 누렇게 변했으니(陟彼高岡, 我馬玄黃)"라고 한 데서 유래한다. 《시경》〈권이(卷耳)〉 참조.
63) 이문(移文) : 동등한 아문(衙門)에 보내는 공문서. 공이(公移)라고도 한다. 이문(移文)은 2품 이상 중앙 관아 및 지방 관찰사 등 조선 시대 최고 관서 사이에 행정적으로 협조할 필요가 있을 경우에 사용했다.
64) 역리(驛吏) : 역(驛)에 소속되어 역의 제반 업무를 담당하던 아전(衙前)·이서(吏胥). 역에 종사하는 아전은 넓게 관군(館軍)·일수(日守)·서원(書員)·조역백성(助役百姓) 등을 포함했다.

기운은 없었다. 사정이 이와 같아 젖은 옷을 반드시 버리게 되었으니 참으로 걱정스러웠다.

다음 날[6월 12일] 새벽 별빛 아래 출발해 불정원(佛井院)에서 아침을 먹었다. 햇살이 구름 사이로 비치고 북풍이 때에 맞게 불어와 편안하게 햇살을 쬐었다. 한낮에 길을 떠나 지나가는 길에 용추(龍湫)를 감상했는데 길이 멀지는 않았지만 편안히 탐승(探勝)할 수가 없었다. 이것은 조물주의 시기가 많기 때문이니 참으로 한탄스러웠다. 조령 위에서 투숙을 하니 마음이 몹시 근심스럽고 괴이해 잠자리에 들지 못하고 벽에 기대어 아침이 오기를 기다렸다.

다음 날[6월 13일] 새벽에 출발해 안부(安富)에서 아침밥을 먹고 달천에서 말을 먹였으며 용안(龍岸)에 투숙했다. 해가 비록 높이 떠 있었지만 이곳을 지나 방원(方院)에 도착하기가 어려울 듯해서 부득이 머물게 되었다.

다음 날[6월 14일] 새벽에 출발해 방원(方院)을 지나 아침밥을 먹었다. 끝없는 더위가 이미 심하고 행로의 어려움이 지금보다 더한 때가 없었다. 병든 말을 부지(扶持)하는 것도 반드시 기약할 수는 없으니 마음속의 걱정이 이만저만이 아니었다.

말을 먹이고 떠나는데 금부도사(禁府都事)가 죄인을 압송해 진주로 가고 있었으니, 진주는 곧 우리 우도(右道)[65]

다. 역적 정여립(鄭汝立)66)이 남쪽 지방의 유풍(儒風)을 더럽히니 분통(憤痛)을 이길 수 없다. 승부원(承夫院)에 투숙하게 되었는데 여행하는 이들이 많이 들어와 있어 마음이 몹시 의심되고 염려되었다. 황당한 자가 한 명 있어 황혼녘에 출입을 하는데 행적이 대단히 비밀스러웠다. 이 때문에 내가 여러 사람들에게 큰 소리로,

---

65) 우도(右道) : 서울에서 보아 왼쪽을 영남좌도(嶺南左道)라 하고 오른쪽을 영남우도(嶺南右道)라 했다. 좌도는 안동이 중심이 되며 주로 퇴계학파가 활동했고, 우도는 진주가 중심이 되며 주로 남명학파가 활동했다. 조수도가 '우리 우도'라 한 것은 그의 선조 조여(趙旅, 1420~1489)가 함안에 은거하면서 그의 세계(世系)를 이루고 있었기 때문으로 보인다.

66) 정여립(鄭汝立, 1546~1589) : 본관은 동래(東萊), 자는 인백(仁伯), 전주(全州) 출신이다. 그는 조선 시대 당쟁의 중심 사건인 기축옥사(己丑獄事 : 1589, 선조 22)를 불러온 장본인이다. 동인의 영수 이발은 정여립의 집에서 자신이 보낸 편지가 발견되어 고문을 받다가 사망했고, 그의 형제와 노모·자식까지 모두 죽임을 당했다. 조식의 애제자 최영경(崔永慶, 1529~1590)은 주모자인 길삼봉으로 지목되어 고문 끝에 옥사했다. 그 뒤 3년 동안 옥사로 사망한 사람은 무려 1000여 명에 이르렀다. 이런 대규모의 희생을 겪으면서 동인과 서인은 화해할 수 없이 결별하게 되었다. 조종도 역시 1589년 정여립(鄭汝立)의 모반 사건에 연루되어 투옥되었다가 풀려난 적이 있다.

"이 사람이 의심스럽소!"

라고 하니, 여러 사람들도 같은 말을 했다. 그 사람을 결박해 한켠에 두었으나 편안하게 잠을 잘 수가 없었다. 기둥에 기대어 활처럼 구부리고 있으면서 새벽닭이 울기만을 기다렸다.

다음 날[6월 15일] 새벽에 길을 나서서 김령(金嶺)[67]에서 아침밥을 먹었는데 해가 높이 떠 있었다. 행원(行院)에서 말을 먹이고 판교(板橋)에서 투숙했다.

다음 날[6월 16일] 새벽에 달빛 아래 출발해 아침밥은 상전포(桑田浦)에서 먹었으며, 해 저물녘에 무사히 한강을 건너 서대문(西大門)을 통해 성안으로 들어가 곧장 인왕동(仁王洞)의 직장(直長) 신순부[申順夫, 신지제(申之悌)] 형이 거처하는 곳으로 갔는데, 늙은 여종 억금(億今)이 나를 보고

---

67) 김령(金嶺) : 경기도 용인시 처인구 역북동에 있었던 조선 시대 역참(驛站)이다. 고려 시대부터 조선 말기까지 경기도 용인 지역에 설치된 교통 통신 기관이라 하겠는데, 읍치에서 동쪽으로 30리 떨어진 곳에 있었으며 구흥역(駒興驛)과는 30리 간격을 두고 있었다. 규모는 정확하게 알 수 없으나, 《여지도서》에는 대마(大馬) 1필, 기마(騎馬) 3필, 복마(卜馬) 1필, 노(奴) 15명, 비(婢) 3명을 보유했다고 하는 것으로 보아 구흥역의 절반 규모였음을 알 수 있다.

눈물을 흘리며 반기고 또 기뻐하니 소인[68]들의 인정이 모두 그렇지 않음이 없었다. 도사(都事) 숙부님[조감(趙堪)을 말함][69]은 서울에 온 후로 한 번도 뵙지 못했는데, 이번 길에 뵐 수 있어 참으로 다행이다. 신(申) 형[70]은 수직(守直)을 파하고 나왔다. 무사히 벼슬살이를 하고 있으니 더할 수 없이 위안이 되었다. 조강백[趙剛伯, 조의도(趙毅道)] 형에게

---

68) 소인 : 원문에는 '회토(懷土)'라 했다. 이는 '소인'이라는 뜻으로, 공자가 《논어》에서, "군자는 덕을 생각하고 소인은 땅을 생각하며, 군자는 형벌을 생각하고 소인은 은혜만 생각한다(君子懷德, 小人懷土, 君子懷刑, 小人懷恩)"라고 한 데서 유래한다. 《논어(論語)》〈이인(里仁)〉 참조.

69) 도사(都事) 숙부님 : 조감(趙堪, 1530~1586). 본관은 함안, 자는 극기(克己), 호는 옥천(玉泉)·옥천(玉川). 부친은 목릉전참봉(穆陵殿參奉) 조정견(趙庭堅)이다. 조정견은 휴암(休庵) 백인걸(白仁傑)의 어짊을 사모해 그의 딸을 아들 조감(趙堪)의 아내로 삼고 조감을 백인걸의 집으로 보내 학문을 배우도록 했다. 벼슬은 장수찰방(長水察訪)에 보직(補職)되었다가, 41세 때인 1570년(선조 3) 경오(庚午) 식년시(式年試) 진사(進士) 2등 22위로 합격했다. 다시 사포서별좌(司圃署別坐)가 되고 의금부도사(義禁府都事)로 옮겼다가 평시서직장(平市署直長)이 되고, 1585년(선조 18) 종부시주부(宗簿寺主簿)를 거쳐 이듬해 1586년 나이 57세에 사망했다.

70) 신(申) 형 : 오봉(梧峯) 신지제(申之悌, 1562~1624)를 말한다.

들러 인사하고 돌아왔다.

다음 날[6월 17일] 주부(主簿) 숙모님을 가서 뵈었고, 또성 상사(上舍)와 중심[仲深, 성문준(成文濬)] 형을 방문했다. 들어가 숙부님께 인사를 드리고 오래도록 술잔을 나누다가 물러났다. 부탁한 일이 거의 뜻대로 될지 어떨지 시종 예측하기 어려웠다.

다음 날[6월 18일] 형과 함께 편안히 시를 지으면서 두 사람의 회포를 풀었다. 이날 밤 조 도사(趙都事)와 함께 조 금구(趙金溝, 조종도)를 의금부에 가서 뵈었다. 다만 이름만 전하고 물러나 영혼(英混) 등을 보았다. 조민도(趙敏道)[71] 형이 또한 뒤에 온 까닭에 서로 만나 보고, 함께 종루(鍾樓)에 가서 기둥에 기대어 대화를 나누었다. 신사선(愼士選, 신수갑) 군이 홀연히 당도해 오랜만에 우연히 만났다. 이보다 다행한 일이 없었다. 다만 옥사가 지극히 엄해 옥석을 가리지 않고 모두 죽이니 참으로 한심스럽다. 그러나 조 형[조종도를 말함]의 일은 거의 신원이 될 것이라 하니 이것은 곧 하

---

71) 조민도(趙敏道, 1556~1592) : 본관은 함안, 자는 계유(季由)로 조종도의 종제다. 임란을 맞아 처자를 장인인 직장 윤인흡(尹仁洽)에게 맡기고 순변사 이일(李鎰)의 진중에서 전투하다가 전사했다. 증직은 사헌부감찰(司憲府監察)이다.

늘의 뜻이리라.

다음 날[6월 19일] 조강백(趙剛伯, 조의도) 형은 임금을 맞이하는 일로 늦게 물러 나와 숙모님께 나아가 인사했다. 오랫동안 술을 마시고 또 물에 만 밥을 지었다. 물러나서 성 상사(成上舍) 숙부님을 만났는데, 이로 인해 저녁밥을 지었다. 다시 술을 나누다가 물러났다.

다음 날[6월 20일] 김 집의(金執義)를 방문해 인사했는데 곧 나의 오촌이다. 술잔을 들면서 따듯하게 대화를 나누다 물러났다. 의영고 봉사(義盈庫奉事) 곽지선(郭止善)[72]이 와서 신(申) 형을 만났으며, 나 또한 그와 마음을 나누고 전송했다.

다음 날[6월 21일] 아침 주부 숙모님과 강백(剛伯, 조의도) 형에게 가서 작별을 고하고, 성 상사 숙부님 및 중심(仲深, 성문준) 형과 두루 작별하고 조금 있다가 돌아왔다. 그 날로 길 떠날 준비를 하니 강백(剛伯)과 조탁(趙鐸)[73]이 와서 작별하고 돌아갔다.

---

72) 곽지선(郭止善, 1553~?) : 본관은 현풍(玄風), 자는 거이(居易). 이천(伊川)에 살았다. 곽율(郭㮚)의 아들로 정랑(正郎)을 지냈다.
73) 조탁(趙鐸, ?~?) : 본관은 함안으로 자는 의명(義鳴)이다. 참봉 조의도(趙毅道)의 아들이다.

다음 날[6월 22일] 주인 형[신지제] 및 숙부님과 작별을 하고 신문(新門)으로 나와 한강을 건너려고 하는데 신 형이 술을 갖고 와서 위로해 주었다. 이윽고 판교(板橋)에 이르러 말을 먹이고 김령(金嶺)에서 투숙했는데 해가 저물고 있었다.

다음 날[6월 23일] 새벽에 길에 올라 10리를 가기 전에 죄인이 고기처럼 꿰여 압송되어 가고 있었다. 이들이 어찌 모두 정여립의 역도(逆徒)이겠는가? 억울하게 걸려든 사람도 많을 것이라고 생각하니 마음이 몹시 참담했다. 죽산(竹山)에서 말을 먹이고 채찍을 재촉해 방원(方院)에 투숙했다. 한더위가 극심해 음식을 모두 물리치고 다만 꿀물만 마시니 마음이 자못 괴로웠다. 스스로의 민망함을 어찌 말로 다할 수 있겠는가!

다음 날[6월 24일] 새벽에 출발해 달천에서 아침밥을 먹고 말 등에 엎드려서 가다가 잠시 수회리(水廻里)의 시냇가에 머물러 있다 조령관(鳥嶺舘)으로 가서 투숙했다. 바람과 안개가 사방에 가득해 지척도 분간하기 어려웠다. 이 고개가 높다는 것을 이제야 징험할 수 있겠다.

다음 날[6월 25일] 출발해 화봉원(華封院)에서 아침밥을 먹고 유곡(幽谷)에서 말을 먹였으며 화풍(和風) 신촌(新村)의 김돈(金敦) 별사(別舍)에서 투숙했다. 김 군은 여천인(呂

川人)이었다. 그가 가까이 와서 베개를 나란히 베고 자면서 마음을 나누었다. 여러 날 구토한 나머지 흰죽을 억지로 먹어 보았지만 넘어가지 않고 다시 올라왔다. 몹시 민망하다. 이날 밤 하늘에서 큰비가 내렸다.

다음 날[6월 26일] 비를 무릅쓰고 출발해 간신히 유천원(柳川院)에 도착하니 비의 기운이 잠시 멈추었다. 이에 아침밥을 먹고 도리원(桃李院)에서 말을 먹이니 해가 이미 서쪽으로 기울고 있었다. 무더위가 잠시 물러가니 마음과 몸이 청량해져서 나의 집에 들어온 듯했다.

밤이 되어 의성(義城) 비장리(毗長里)에서 투숙하게 되었다. 다만 문밖에 이르러 거절을 당했으니 분한 마음을 어찌 말로써 다하겠는가? 간신히 한 막사(幕舍)를 얻어 자는 둥 마는 둥 하면서 새벽까지 잠을 설쳤다.

다음 날[6월 27일] 새벽에 길에 올라 아침밥은 역곡(驛谷)에서 먹었는데, 곧 서촌(西村)에 잇닿아 있는 곳이어서 주위의 친구들이 술을 갖고 와 위로해 주었다. 저물녘에 채찍을 재촉해 집으로 돌아오니 어버이께서는 건강하시고 평안하시었다. 참으로 다행스러웠다.

1591년 1월 6일, 아우와 함안으로 가다

한 해 지난 신묘(1591, 선조 24)년 1월 6일,[74] 아버지를 모시고 함안으로 출발했는데, 아우 준도(遵道) 또한 수행했다. 양점(兩岾)을 넘어 입석(立石)에 투숙했는데 신녕(新寧) 땅이다. 이날 밤 눈비가 왔다.

다음 날[1월 7일] 새벽닭이 울 무렵 소나무에 내린 밝은 눈빛을 받으며 가서 쌍정(雙亭)에 도착하니 동방이 이미 밝았다. 아침은 추곡(楸谷)에서 먹었는데 또한 같은 현이었다. 눈은 계속 내렸고 하양(河陽) 남정(南亭)에서 말을 먹였다. 서산으로 해가 이미 기울어서 채찍을 재촉해 경산성(慶山城) 부근에 투숙했는데 이날 밤 비바람이 어제와 같았다. 종과 말이 노숙을 하게 되었으니 여행길의 어려움이 이 같음을 어찌 생각이나 했겠는가!

다음 날[1월 8일] 새벽에 길을 나서서 아침밥은 청도(淸道)의 성현(省峴) 주인집에서 먹었는데 해가 이미 높이 떠

---

74) 신묘(辛卯)년 1월 6일 : 1591년 1월 6일, 당시 조수도의 나이 27세였다.

있었다. 하늘이 개이고 햇빛이 점점 비쳤다. 밀양(密陽)의 풍각(風角)에서 말을 먹였는데 해가 서산으로 이미 졌다. 재촉해 양점(兩岾)을 넘어 창산(昌山) 주인집에서 투숙하게 되었는데 밤이 깊어 거의 삼경이었다.

다음 날[1월 9일] 출발해 영산(靈山) 조잠(趙潛)의 집에 도착하니, 주인 숙부님 등이 모두 편안하셨다. 함안(咸安)의 여러 숙부님과 칠원(漆原)의 숙부님[75]이 건너오셔서 여러 친척들의 안부를 듣게 되었고, 또한 경달(景達, 조형도)이 내일 식구와 함께 온다는 것을 알게 되었다.

다음 날[1월 10일] 아침 여러 친구들을 속히 청해 한자리에 모이게 했는데 종일토록 돌아가는 것도 잊어버렸다.

다음 날[1월 11일] 아버님께서 함안(咸安)으로 넘어가셨으며 두 숙부님께서 또한 수행하셨다.

다음 날[1월 12일] 아침 들어가 소군(小君)[76]을 뵈었으며

---

75) 칠원(漆原)의 숙부님 : 조방(趙埲, 1557~1638)을 말한다. 그는 본관이 함안, 자는 극정(克精), 호는 두암(斗巖)이다. 황곡(篁谷) 이칭(李偁)의 문인으로 임진왜란을 맞아 창의했다. 가선대부 호조참판(嘉善大夫戶曹參判)에 증직되었다.
76) 소군(小君) : 궁인이 임금을 모셔서 아들을 낳으면 그 아들의 머리를 깎아 승려가 되게 하고 소군(小君)이라 불렀다. 여기서는 측실이 낳

아무런 탈이 없어 다행스러웠다.

다음 날[1월 13일] 새벽 곡성(哭聲)이 안으로부터 흘러나왔는데, 처외조모 허씨(許氏)가 돌아가신 것이었다. 곧 장모를 모시고 창산(昌山)으로 달려가 곡을 했다. 아우 경달(景達, 조형도)도 와서 조문(弔問)을 하고 이날 밤에 말을 타고 돌아갔다. 이틀을 머물다가[1월 14일] 함안으로 넘어가니, 아버님께서 지난날처럼 잘 지내고 계셨다.

다음 날[1월 15일] 아침 두곡(杜谷) 숙모77)에게 인사를 드리고 주익창(周益昌)78) 군을 찾아가 잠시 술잔을 나누면서 이야기하다가 저물녘에 강을 건너왔다.

은 아들로 보이지만 구체적인 사실은 알 수가 없다.
77) 두곡 숙모 : 조역(趙墿, 1546~1595)의 처를 말한다. 조역의 본관은 함안, 호는 율헌(栗軒)으로 주항(周恒)의 딸에게 장가들었다.
78) 주익창(周益昌, 1620~?) : 본관은 상주(尙州)로, 자는 여장(汝長), 호는 율곡(栗谷)이다. 신재(愼齋) 주세붕(周世鵬)의 손자다. 임진왜란이 발발하자 동생 필창(必昌)과 함께 의병이 되었으며, 진주성에서 패한 왜군이 이듬해 8만 대군을 이끌고 다시 진주성을 다시 공격하자 이에 참여해 싸우다가 전사했다. 이들의 아내 이씨(李氏)와 김씨(金氏)도 못에 몸을 던져 절개를 지켰다.

1591년 2월 6일, 청송으로 돌아오다

지난 2월 초6일, 안덕(安德)을 향해 출발해 양점(兩岾)을 넘어 풍각(風角)에서 말을 먹이고 성현(省峴)에 투숙하니 해가 이미 서쪽으로 넘어갔다.

다음 날[2월 7일] 아침 출발해 조반은 압량 주인 정순옥(鄭順玉)의 집에서 먹고, 토일지(討日池)의 머리에서 말을 먹이고 재촉해 걸어가서 입암(立巖)에 투숙하니 밤이 이미 깊었다.

다음 날[2월 8일] 아침에 출발해 갈령(葛嶺) 아래서 아침밥을 먹고 지팡이를 짚고 재를 넘으니, 재의 높이가 촉도(蜀道)보다 뒤지지 않아 열 걸음에 아홉 번 앉아 쉬었는데 땀이 비 흐르듯 했다. 도천(刀川)에서 한낮이 되어 집에 들어오니 어머님께서 여전히 편안하셨다.

1591년 2월 26일, 아버님의 낙마 소식을 듣다

지난 26일, 종 광이(廣伊)가 함안으로부터 왔기에 아버님의 안부를 물었더니, 평지에서 낙마를 하셔서 거의 뼈가 상하는 지경에 이르렀다고 한다. 하늘을 우러러보고 땅을 치면서 달려가고자 했으나 아버님께서 향시(鄕試)를 치르고 내려오라는 말씀이 있으셨다고 한다.

1591년 3월 6일, 군위에서 과거에 응시하다

3월 초6일. 감히 아버님의 명을 어기지 못해 구씨(舅氏, 외숙)를 모시고 적나(赤羅)에서 과거에 응시했다. 적나는 곧 군위(軍威)다.

다음 날[3월 7일] 비를 무릅쓰고 출발해 현(縣) 안으로 들어가 간신히 주인집을 정하고 향생(鄕生) 이준성(李俊成)과 함께 거처하게 되었다.

다음 날[3월 8일] 여러 동반(同伴)들을 두루 방문하다가 날이 저물어 돌아왔다. 다음 날[3월 9일]도 또한 그같이 하고, 그다음 날[3월 10일]도 그렇게 했다.

다음 날[3월 11일] 여러 동반(同伴)들과 함께 등록을 했다.

다음 날[3월 12일] 일찍 시험장에 들어가니 부제(賦題)는 〈홀의 주머니(笏囊)〉[79]였고 시제(詩題)는 〈편지를 가는 길

---

79) 〈홀의 주머니(笏囊)〉: 홀대(笏袋). 홀은 모두 허리에 꽂고 말을 타는데, 당나라의 시인이자 재상인 장구령(張九齡, 673~740)은 몸이 너무 야위어 항상 다른 사람에게 그것을 잡게 하고, 이로 인해 홀낭(笏囊)을 만들었다고 한다. 《구당서(舊唐書)》〈장구령전(張九齡傳)〉 참조.

에 보내 생사를 알아보네(帛書間道訪存亡)〉80)였다. 경시관(京試官)은 신숙(申熟)81), 부시관(副試官)은 진주목사 최입(崔岦)82), 그 아래는 창원부사 장의국(張義國)83)이었다. 비

---

80) 〈편지를 가는 길에 보내 생사를 알아보네(帛書間道訪存亡)〉: 당나라 시인 위응물(韋應物, 737~791)의 시 〈여러 아우에게 부침(寄諸弟)〉의 승구(承句)다. "한 해는 저물어 가는데 전쟁으로 나라는 어지러워, 편지를 가는 길에 보내 생사를 알아보네. 홀연히 하늘에서 답신이 날아드니, 오직 저와 내가 눈물 천 줄기를 흘리는 것을 알겠네(歲暮兵戈乱京國, 帛書間道訪存亡. 還信忽從天上落, 唯知彼此淚千行)."
81) 신숙(申熟, 1537~1606): 본관은 평산(平山)으로 자는 인중(仁仲)이다. 서울에 살았다.
82) 최입(崔岦, 1539~1612): 본관은 통천(通川), 자는 입지(立之), 호는 간이(簡易)·동고(東皐). 아버지는 진사 최자양(崔自陽)이다. 최입은 당대의 일류 문장가로 인정받아 중국과의 외교 문서를 많이 작성했다. 그리고 중국에 갔을 때에 중국 문단에 군림하고 있던 왕세정(王世貞)을 만나 문장을 논했다. 그곳의 학자들로부터 명문장가라는 격찬을 받았다.
83) 장의국(張義國, 1537~?): 1587년 7월에 창원부사로 부임했다. 부사의 재직 기간은 2년 6개월인데 장의국 창원부사는 5년 11개월이나 재임했다. 이보다 앞서 1582년(선조 15) 8월에 남원부사로 부임했다. 그는 남원부사 재임 시절에 누원(屢苑) 근처 요천강의 맑은 물을 끌어다가 누(樓) 앞에 은하수를 상징하는 '호수'를 만들었고, 그 위에 견우와 직녀의 전설이 담긴 '오작교(烏鵲橋)'를 축조했다.

가 많이 내려 저물녘에 나왔다.

그다음 날[3월 13일] 여러 동반(同伴)을 두루 방문했다.

다음 날[3월 14일] 새벽 구씨(舅氏)와 이생(李生)을 작별하고, 달빛 아래 영산(靈山)의 유생(兪生), 신생(辛生), 최생(崔生), 밀성(密城, 밀양)의 조 군(曺君), 손 군(孫君)과 동행해 효령현(孝寧縣) 앞 시내에 이르니 해가 이미 하늘 높이 떴다. 말 역시 앞으로 가지 않았기 때문에 아침밥을 먹었다. 창녕에 사는 성안의(成安義)84) 군이 와서 독미원(獨尾院)에서 말을 먹이고 팔거현리(八莒縣里)에서 투숙했는데, 성주 땅이다.

다음 날[3월 15일] 새벽에 물을 건너 조 군(曺君)과 헤어진 후 화원현(花園縣)까지 가서 아침밥을 먹었다. 말을 현풍성(玄風城) 가에서 먹이는데 갑자기 함안에 사는 박오(朴旿)85)를 만났으며 김산(金山, 김천)에서 오는 길이었다. 그

---

84) 성안의(成安義, 1561~1629) : 본관은 창녕(昌寧), 자는 정보(精甫), 호는 부용당(芙蓉堂)으로 정구(鄭逑)의 문인이다. 임진왜란 때 창녕에서 의병 5000명을 모집, 각지에서 왜적과 싸웠다. 남원부사, 광주목사, 사성 등을 지내고 이괄의 난 때 왕을 공주로 호종했다.
85) 박오(朴旿, ?~?) : 본관은 밀양, 호는 동천(桐川)이며 형조판서에 증직되었다. 정구(鄭逑)의 문인으로 박진영(朴震英, 1569~1641)의

곳의 부제(賦題)는 〈옷을 갖고 가서 자수하다(持衣自首)〉[86]였고, 시제(詩題)는 〈길이 즐거움을 누리는 노인(長樂老)〉[87]이었다. 저물녘에 채찍을 재촉했는데 해가 점점 서산으로 넘어가고 있었기 때문에 나는 홀로 앞서 달리고 제군

아버지다.

[86] 〈옷을 갖고 가서 자수하다(持衣自首)〉 : 후한(後漢)의 오우(吳祐)가 순제(順帝) 때에 교동후(膠東侯)의 상(相)이 되어 인정(仁政)을 펴며 솔선수범하니, 아전들이 감히 속이지 못했다. 한번은 색부(嗇夫) 손성(孫性)이 사사로이 백성의 돈을 거두어 옷을 사다가 그 아버지에게 드리니, 아버지가 그것을 받고 노해 말하기를 "이와 같은 상관이 있는데 어찌 차마 속일 수 있겠느냐?"라고 하고는 돌아가서 죄를 자백하도록 재촉했다. 손성이 부끄럽고 두려운 나머지 관가에 옷을 가지고 가서 자수하니, 오우가 좌우의 사람을 물리치고 그 까닭을 물었다. 손성이 아버지의 이야기를 자세히 말하자, 오우가 말하기를 "아버지로 인해서 더러운 누명을 감수하니, 이른바 '허물을 보면 인(仁)을 안다'는 것이다"라고 하고, 돌아가서 그 아버지께 사죄하도록 했으며, 그 옷은 도로 돌려주었다는 고사가 있다. 《후한서(後漢書)》권94, 〈오우전(吳祐傳)〉참조.

[87] 〈길이 즐거움을 누리는 노인(長樂老)〉 : 오대(五代) 시대에 풍도(馮道)라는 재상이 있었다. 그는 일생 동안 후당(後唐), 후진(後晉), 거란(契丹), 후한(後漢), 후주(後周) 등 다섯 나라의 조정에서 여섯 명의 임금을 섬긴 것을 자랑하며 '장락로(長樂老)'라고 자호(自號)했다고 한다. 《신오대사(新五代史)》권54, 〈풍도열전(馮道列傳)〉참조.

(諸君)은 뒤따라왔다. 간신히 관문(關門)으로 들어오니 밤이 거의 사경(四更)이나 되었다. 들어가 아버님을 뵙고 문후(問候)했더니 전날 다친 곳에 피가 맺히고 종기가 생겨 의약(醫藥)으로 낫지 않았다. 이 때문에 여러 번 종기를 빨았더니 차도가 있었다. 경달(景達, 조형도) 또한 김산(金山, 김천)으로부터 이미 돌아와서 함께 10여 일을 모시었다. 다시는 염려가 없을 듯하니, 그간 근심을 끼쳐 드린 것을 어찌 말로써 다하겠는가?

1591년 윤3월 6일, 말을 타고 재를 넘다

지난 윤3월 초6일, 안덕(安德)을 향해 출발해 천점(茜岾) 아래서 말을 먹이고 성현(省峴)에 투숙했다.

다음 날[3월 7일] 압량(鴨梁)에서 아침밥을 먹고, 남정(南亭)에서 말을 먹였으며, 고현(古縣)에 투숙했다.

다음 날[3월 8일] 새벽에 출발해 입석(立石)에서 아침밥을 먹고, 한낮에 재를 넘어 말을 타고 들어왔다[88].

---

88) 들어왔다 : 집으로 돌아온 것을 말한다.

1591년 윤3월 26일, 함안으로 가다

지난 26일, 아버님을 모시고 올 계획으로 함안으로 출발했다. 영양(永陽, 영천)의 와촌(瓦村) 김복(金福)의 집에 투숙하니 해가 아직 지지 않았다.

다음 날[3월 27일] 출발해 남정(南亭)에 도착하니 동방이 밝아 왔다. 아침밥은 압량(鴨梁) 주인 정순옥(鄭順玉)의 집에서 먹었다. 해가 떠올라 중천에 있었다. 성현(省峴)의 김응순(金應淳) 집에서 말을 먹이고 재촉해 가서 양점(兩岾) 사이에 도착하니 해가 서쪽으로 이미 넘어갔다. 이 때문에 촌사(村舍)로 가서 잤는데 창산(昌山, 창녕) 땅이다.

다음 날[3월 28일] 새벽에 출발해 걸어서 천점(茜岾)을 넘어 청산원(靑山院) 우천(牛川)의 사비(私婢) 칠금(七今)의 집에서 아침밥을 먹었다. 재촉해 가서 성암(星巖)에 도착했는데 말에서 내려 오랫동안 쉬었다. 한낮에 들어와 이틀 동안 머물다가 건너가 아버님을 문후(問候)하니 기체(氣體)가 예전과 같으셨다.

1591년 4월 2일, 아버님을 모시고 오다

지난 4월 초2일, 아버님을 모시고 길을 떠났다. 아우 형도(亨道)와 준도(遵道), 그리고 서숙(庶叔) 월년(月年)이 수행했다. 도산(陶山)에서 투숙했는데 칠원(漆原)89) 숙부께서 술을 갖고 와서 작별했다.

다음 날[4월 3일] 아침밥을 먹고 천천히 나루에 이르러 말을 먹이고, 숙부를 모시고 경달(景達, 조형도)과 함께 양영대(釀靈臺) 아래로 배로 띄우고자 하니 준도(遵道) 또한 따라왔다. 노를 저으려 하니 주여장(周汝長, 주익창) 군이 정자에서 줄을 풀어 주었다. 대 위에 올라가 조망했는데 돌아가는 것이 더디다는 것도 깨닫지 못하고, 시 한 수를 읊었다. 술잔을 기울여 숙부님과 작별하고 천천히 광계(廣溪)에 도착했다. 이날 밤 박연세(朴延世)90), 이당(李瑭)91), 유여해

---

89) 칠원(漆原) : 경남 함안 지역의 옛 지명으로 신라의 칠토현(漆吐縣)으로 출발해서 고려 초에 칠원(漆原)으로 고쳤다. 본문에 '칠원(七原)'으로 표기되어 있으나 '칠원(漆原)'으로 통일한다.

90) 박연세(朴延世) : 본관은 밀양으로 영산에 살았다.

91) 이당(李瑭, ?~?) : 본관은 고성으로 호는 돈사정(敦沙亭)이며, 감

(兪汝諧)가 술을 가지고 와서 아버님을 위로했다. 매우 감사했다.

다음 날[4월 4일] 아침 경달을 송별하고 길에 올라 계성(桂城) 유음(柳陰)에 도착했는데, 아버님께서 술에 많이 취하셔서 교자(轎子)를 멈추고 오랫동안 누워 계셨다. 잠시 흰죽을 드렸다. 창산(昌山) 월산(月山)의 망연(亡連) 집에 투숙했다. 정눌(鄭訥)이 와서 아버님께 인사를 하고 잠시 술을 나누었다.

다음 날[4월 5일] 아침밥을 먹고 재촉해서 양점(兩岾)을 넘어가서 풍각(風角)의 시냇가에 도착해 오랫동안 머물러 말을 먹이고 성현(省峴)에 투숙했다.

다음 날[4월 6일] 아침밥을 먹고 길을 나서서 오천(烏川)의 냇가에 도착해 말을 먹이고 남정(南亭)을 지나 사일(射日)에 투숙했다. 주인인 석가(石家)는 이미 죽고 단지 그 자손만 살고 있다고 했다.

다음 날[4월 7일] 아침밥을 먹고 길에 올라 추곡(楸谷)에 도착해 정몽서(丁夢瑞)를 만나 기쁘게 술을 마셨는데 이 사람은 초면이었다. 가다가 입석(立石)에 도착해 그늘 속에 쉬

찰사(監察使)를 지냈다.

는데 꿩의 울음소리가 물가에서 들렸다. 아버님께서는 이로 인해 한 수의 시를 지으셨다. 저물녘에 보현산(普賢山)에 이르니, 정호연(鄭浩然)과 그의 아우 수연(晬然) 및 영천의 이득린(李得麟)92), 이득봉(李得鳳)93) 등이 와서 쉬고 있었다.

다음 날[4월 8일] 말을 달려 가서 서촌(西村)에 이르니 마을의 여러 노인들이 술을 갖고 와서 인사를 했다.

다음 날[4월 9일] 집으로 돌아왔는데, 어머님께서 편안하시어 마음이 대단히 기뻤다. 이틀을 머물다가 《심경》한 부를 갖고 보현(普賢)으로 가서 정(鄭), 이(李) 등과 함께 여러 날 동안 책을 읽다가 돌아왔다.

---

92) 이득린(李得麟, ?~1592) : 본관은 벽진(碧珍), 자는 성응(誠應), 호는 대재(大齋)로 영천에 살았으며, 정구(鄭逑)의 문인이다. 임진왜란에 창의해 경주성 전투에서 순국했으며, 한성판관(漢城判官)에 추증되었다. 《교남지(嶠南誌)》참조.
93) 이득봉(李得鳳, 1573~?) : 본관은 벽진(碧珍), 자는 성서(聖瑞), 호는 귀촌(歸村)으로 영천에 살았으며, 정구(鄭逑)의 문인이다. 15세 때 부친을 위해 손가락을 잘라 그 피를 드려 효행으로 알려졌고, 문행으로 이름이 났다. 임진왜란과 병자호란에 창의했다. 《교남지(嶠南誌)》참조.

1591년 5월 21일, 영산으로 향하다

지난 5월 21일, 영산(靈山)으로 가기 위해 양점(兩岾)을 넘어 상정(桒亭)에 이르러 시냇가에서 말을 먹였다. 짐 실은 말의 잔등이 심하게 상해 멀리 가기 어려웠다. 이 때문에 끌어서 돌려보내고 촌사(村舍)로 들어갔다. 찌는 듯한 더위에 앉아 있자니 하루를 지나는 것이 열흘 같았다. 한낮에 뇌성이 많이 울렸는데, 북쪽으로부터 미친 듯한 비가 오더니 잠깐 사이에 그쳤다. 이날 밤 흙 침상에서 자는 듯 마는 듯해 한잠도 제대로 잠을 이루지 못했다.

다음 날[5월 22일] 말을 바꾸어 와서 재촉해 걸어 압령(鴨嶺)에 도착하니 서산으로 해가 이미 기울었다. 이로 인해 유숙(留宿)했다.

다음 날[5월 23일] 아침밥을 성현(省峴)에서 먹고 나서 종을 두고 먼저 말을 몰아 창녕(昌寧) 읍저(邑邸)에 도착했는데, 황혼이 다 되어 간신히 도착했다.

1591년 6월 26일, 오운과 이정(李瀞) 등을 만나다

 지난 6월 26일, 함안으로 건너와 여러 숙부를 문후(問候)하고 아울러 경달(景達, 조형도)도 보았다. 사흘을 머물다가 김해 숙부를 모시고 칠원으로 달려가서 숙부와 숙모를 문후하고 함께 주여장(周汝長, 주익창)의 서사(書舍)로 갔다. 여장은 이미 양장(羊場)을 향해 떠났고, 다만 그 동생 필창(必昌)과 조극휴(曺克休)[94] 군이 있었다. 회산 장익기(張益箕)가 와서 우연히 서로 만나게 되었으니 이러한 다행을 무엇으로 이야기하겠나?
 주 군(周君)과 함께 숙부님을 모시고 훌륭한 분들이 많이 오는 좋은 자리에 갔다. 이곳 양장은 곧 신재(愼齋)[95] 주세붕(周世鵬) 선생의 서원이다. 함안(咸安) 제곡(第谷)의 오진(吳潛)[96] 어른, 광주목사(光州牧使) 오운(吳澐)[97], 이정

---

94) 조극휴(曺克休) : 조이복(曺以復, 1563~1602). 본관은 창녕(昌寧), 호는 모성재(慕醒齋)로, '극휴'는 그의 자다. 정구(鄭逑)의 문인으로 임란을 맞아 의병을 일으켰다.

95) 신재(愼齋) : 원문에는 '신남(愼南)'으로 되어 있다.

96) 오진(吳潛, 1533~1593) : 본관은 고창(高敞), 자는 적원(迪源), 호

(李瀞)98) 어른 등 대여섯 명이 이미 도착해, 차례대로 알묘한 후 황생(黃生)의 정사로 옮겨 가 앉았다. 편안하게 신선처럼 노닐다가 날이 저물어 파했다. 오(吳, 오운)와 이(李, 이정) 여러 어른들은 약간 취한 채 황혼 무렵에 소매를 날리며 갔다.

관솔불을 들고 무릉(武陵)으로 돌아와서 주 군과 함께 따뜻한 말을 나누면서 마루에서 잤는데, 동방이 이미 밝은 줄도 알지 못했다.

다음 날[6월 27일] 비가 와서 제군과 함께 한자리에서 편안하게 보냈다. 또 그다음 날[6월 28일]에는 주 군이 마련한 술에 은근히 취했다. 숙부님은 황생(黃生)의 집으로 가시고,

---

는 운암(雲巖)으로 오여벌(吳汝橃)의 큰아버지이자 양부다.
97) 오운(吳澐, 1540~1617) : 본관은 고창(高敞), 자는 태원(太源), 호는 죽유(竹牖)·죽계(竹溪). 의령현감 오석복(吳碩福)의 증손으로, 할아버지는 전의현감 오언의(吳彦毅)이고, 아버지는 오수정(吳守貞)이다. 어머니는 순흥 안씨(順興安氏)로, 부호군(副護軍) 안관(安瓘)의 딸이다. 이황(李滉)과 조식(曺植)의 문하에서 수학했다.
98) 이정(李瀞, 1541~1613) : 본관은 재령(載寧), 자는 여함(汝涵), 호는 모촌(茅村). 부제학 이중현(李仲賢)의 증손으로, 할아버지는 건국원종공신 이무(李斌)이며, 아버지는 이경성(李景成)이다. 조식(曺植)의 문하생이다.

나는 곧바로 검암(儉巖)으로 돌아왔다. 해가 저물 무렵 숙부님께서도 또한 취해 돌아오셨다.

1591년 7월 3일, 이당과 술을 마시다

　지난 7월 초3일, 여러 숙부를 이별하고 술에 취한 채 나루를 건너 이당(李瑭)을 방문해 오래도록 술잔을 나누다가 돌아왔다.

1591년 7월 29일, 여러 벗들과 시를 짓다

지난 29일, 안덕(安德)을 향해 출발해서 천점(茜岾)에 도착해서 말을 먹이고, 빨리 달려 풍각(風角)이 이르니 서산의 해가 이미 기울어 그곳에 유숙했다.

다음 날[7월 30일] 아침 출발해 청도군(淸道郡) 앞 시내에 도착하니 해가 이미 하늘 높이 떠 있었으므로 아침밥을 먹었다. 경산(慶山)의 두류원(頭流院)에 도착해 잠시 말을 먹이고 압량(鴨梁)에 당도하니 남은 더위가 극심해 기운(氣運)이 고르지 못한 듯해 유숙할 마음으로 주인옹(主人翁)을 찾아 들어가니 주인은 병이 중하다고 했다. 이 때문에 어둠을 무릅쓰고 달려서 남정(南亭)으로 가서 편안하게 잤다.

다음 날[8월 1일] 새벽에 출발해 아침밥은 제석당(帝釋堂)에서 먹고 말은 입석(立石) 안에서 먹이고 서촌(西村)에 도착해 여러 벗들과 밤새워 이야기를 나누었다.

다음 날[8월 2일] 아침 운(韻)을 정해 시 한 수로 서로 화답했다. 날이 늦어 재촉해 집에 도착하니 부모님의 기체(氣體)가 편안하시어 참으로 다행이었다.

1591년 10월 22일, 호랑이 때문에 재를 넘지 못하다

 지난 10월 22일, 영산(靈山)을 향해 출발해 갈영(葛嶺)에 도착하니 눈보라가 치고 몹시 추워서 입석(立石)에 투숙했다.
 다음 날[10월 23일] 새벽에 흰죽을 먹고 쌍정(雙亭)에 도착하니 동방이 밝아 오고 있었다. 추곡(楸谷)에서 아침밥을 먹고 채찍을 재촉해 압량(鴨梁)에 도착하니 주인이 술을 갖고 와서 인사를 했는데, 이로 인해 거기서 유숙을 하게 되었다.
 다음 날[10월 24일] 새벽 달빛 아래 출발해 백전촌(栢田村)에 도착하니 해가 동쪽 고개에서 떠올랐다. 성현(省峴)에서 아침밥을 먹고 풍각(風角)에 도착하니 밤이 이미 깊었다. 고개를 넘기 전에 한 노인이 지팡이를 짚고 나를 돌아보면서 말했다.
 "산의 해가 이미 저물었는데, 과연 어떠한 사람이 있어, 호랑이와 표범이 엿보며 여우가 속이는데도 어찌 두려워하지 않으시오?"
 내가 웃으면서 대답했다.

"어려움에 빠진 사람을 보고 구원하지 않는 것은 옛사람도 경계했는데, 주인옹께서 어찌 나를 위해 구원의 손을 쓰지 않으시겠습니까?"

노인이 자신의 집으로 데리고 들어갔으나, 다만 찬 데 누워 자면서 말을 먹여야만 했다. 양주(楊州)의 학99)을 인간사에서 성취할 수가 없었다. 밤에는 이리저리 뒤척이면서 나그네의 잠을 이룰 수가 없었다.

다음 날[10월 25일] 새벽달이 하늘 동쪽에서 떠오르고 삼성(三星)이 서산으로 질 무렵 출발해 고개를 넘으니 동방이 아직 밝아 오지 않았다. 재촉해 천점(茜岾)을 넘고 아침밥은 우천(牛川)의 사비(私婢) 칠금(七今)의 집에서 먹었다.

남산(南山) 조철수(趙鐵手)의 영전에 가서 일곡(一哭)하고 주인을 뵙고 술 한잔을 나누었다. 채찍을 재촉해 들어오니 해가 서쪽으로 넘어가지는 않았다. 이날 밤 박연세(朴延

---

99) 양주(楊州)의 학 : 모든 욕망이 골고루 이뤄짐을 말한다. 소식(蘇軾)의 녹균헌시(綠筠軒詩)에 "세상에 어찌 양주 학이 있겠는가!"라고 했다. 그 주(註)에 옛날 객들이 각각 자기 욕망을 말하는데 혹은 양주자사(揚州刺史)가 되기를 원하고 혹은 재물이 많기를 원했으며 혹은 학을 타고 하늘에 오를 것을 원했다. 이때 한 사람은 "허리에 10만 관의 황금을 차고서 학을 타고 양주 상공을 날았으면 한다" 했다.

世)100)가 운명해 아내가 시마복(緦麻服)101)을 입었다.

다음 날[10월 26일] 아침 박세연의 영전에 가서 곡을 했다. 그 아들은 중풍에 걸려 방 밖으로 나오지 못하니, 이것이 '아들은 있지만 아들이 없는 것이다'라는 것이다. 인사(人事)가 여기에 이르니 천도(天道)를 어찌 논하랴! 신방집(辛邦楫)102) 군이 호상으로 도착했다.

---

100) 박연세(朴延世, ?~?) : 본관은 밀양으로 영산(靈山)에 살았다.
101) 시마복(緦麻服) : 시마에는 3개월간 상복을 입는데, 이때의 상복을 시마복이라 하고, 시마복을 입는 친족의 범위를 시마친이라 한다. 시마친의 범위는 위로 고조를 중심으로 한 후손, 아래로는 4대손, 즉 8촌까지를 망라하고 있다. 옷의 베올 크기는 15새[升]로 해서 짓도록 되어 있으나 시마복을 입는 기간이나 옷을 만드는 모양은 서로 달랐. 김장생(金長生), 《가례집람(家禮輯覽)》 참조.
102) 신방집(辛邦楫, 1556~1592) : 본관은 창녕(昌寧), 자는 여제(汝濟), 호는 영모당(永慕堂), 아버지는 첨지중추부사 태(泰)다. 정구(鄭逑)의 문인으로, 학식과 서예가 뛰어났다.

1591년 11월 8일, 여러 숙부님들께 인사를 드리다

지난 11월 초8일, 여러 숙부님께 인사를 드리고 이틀간 머물렀다. 또 다음 날 기제사를 지내고 닷새간 머물렀다. 또 그다음 날 강을 건너 돌아왔다.

1591년 11월 26일, 아내가 사내아이를 낳다

지난 26일, 함안으로 건너가 닷새간 머물며 여러 곳을 다니면서 일을 보았다. 여러 숙부님과 작별하고 칠원 숙부님[조방(趙埲)]을 모시고 출발해, 지나가는 길에 이칭(李偁)103) 참봉(參奉)께 문후를 드리고 큰 사발로 술 한 잔을 마셨다. 오진(吳溍) 어른이 박오(朴旿)의 집에 와 계신다는 말을 듣고 잠시 들어가 뵌 후 물러 나와 이명참(李明憃), 박진영(朴震英)104)과 이야기를 나누었다. 우곡(偶谷) 시냇가에 도착해 길에서 장익기(張益箕)를 만났고 숙부님과 장생(張

---

103) 이칭(李偁, 1535~1600) : 본관은 광평(廣平), 자는 여선(汝宣), 호는 황곡(篁谷), 할아버지는 해남 현감을 지낸 이순조(李順祖)다. 아버지는 충무위 부사직(忠武衛副司直)을 지낸 이사후(李士詡)이고 어머니는 임득번(林得蕃)의 딸 은진 임씨(恩津林氏)다. 부인은 박윤수(朴允秀)의 딸 밀양 박씨(密陽朴氏)다. 외삼촌 임훈(林薰)과 임운(林芸)에게 배웠고, 뒤에 이황(李滉)과 조식(曺植)의 문하에서 수학했다.
104) 박진영(朴震英, 1569~1641) : 본관은 밀양, 자는 실재(實哉), 호는 광서(匡西), 시호는 무숙(武肅)이다. 박오의 아들로, 1592년(선조 25) 임진왜란이 일어나자 군수 유숭인(柳崇仁)과 함께 의병을 모아 활약했으며, 1599년 용궁현감(龍宮縣監)이 되었다.

生)을 이별했다. 채찍을 재촉해 간신히 나루에 당도하니 황혼이 임박해, 재촉해서 나루를 건너 험한 길을 걸어 들어오니 밤이 거의 사경(四更)이었다. 아내는 지난 22일에 해산했는데, 기쁘게도 대장부 아이를 얻게 되었다.

1591년 12월 22일, 함안에서 세모를 바쁘게 보내다

지난 12월 22일, 함안으로 넘어가 사흘 동안 머물면서 숙부님께서 병이 나은 것에 대한 위로 잔치를 베풀었다. 세모(歲暮)에 머물면서 연일 벗들과 만나느라 빈 시간이 없었다.

1592년 1월 1일, 지나가는 길에 이칭을 뵙다

한 해 지난 임진 정월 초1일,[105] 내금위(內禁衛) 숙부님께 가서 인사를 드렸다.

다음 날[1월 2일] 여러 숙부님께 하직 인사를 하고, 지나가는 길에 이 참봉(李參奉, 이칭)께 인사를 드리고 술을 마시고 물러났다. 말을 달려 칠원에 와서 숙부모님께 인사를 드렸다.

다음 날[1월 3일] 아침에 하직하고 물러 나와 길에서 이항(李航)[106]을 만나 태양을 등지고 이야기를 나누었다. 겨우 나루에 이르니 서풍이 크게 불어 풀과 모래가 날렸다. 뱃사공이 배를 젓지 못해 큰 재를 넘어 도흥(道興)으로 돌아서 가니 아내와 아이는 아무 탈도 없었다.

다음 날[1월 4일] 여러 집안사람들을 찾아가서 인사했다.

다음 날[1월 5일] 안 상사[安上舍, 안여경(安餘慶)][107]의

---

105) 임진(壬辰) 정월 초1일 : 1592년(선조 25) 1월 1일, 당시 조수도의 나이 28세다.

106) 이항(李航, 1563~?) : 영산의 마이(馬耳)에 살았다.

107) 안 상사(安上舍) : 안여경(安餘慶, 1538~1592). 본관은 광주(廣

영전에 가서 곡을 했다. 곧 처숙모의 아버지로 이름은 여경(餘慶)이다.

州), 자는 선계(善繼), 호는 옥천(玉川)이다. 학문이 깊고 효행이 지극했다. 1570년(선조 3) 사마시에 합격했으나 벼슬을 단념하고 고향에 돌아와 은거했다. 동리에 서당을 짓고 학동을 가르치며 정구(鄭逑)·박성(朴惺)·이경홍(李慶弘)·김우옹(金宇顒) 등과 교유했다.

1592년 1월 11일, 비 오는 날 청송을 향하다

이달 11일, 청송을 향해 출발하려고 하니 가는 비가 그치지 않았으나, 가기로 이미 작정을 했기 때문에 비를 무릅쓰고 출발해 창산(昌山) 월산(月山)의 망연(亡連)의 집에 투숙했다.

다음 날[1월 12일] 날씨가 흐려 어둑했다. 아침을 먹고 느지막이 출발해서 재촉해 양점(兩岾)을 넘어 풍각(風角)에서 말을 먹이고 성현(省峴)에서 투숙했다. 이날 밤바람이 크게 일어났다.

다음 날[1월 13일] 아침에 출발해 두류원(頭流院)에 도착하니 햇빛이 사방에서 구름 사이로 비쳤다. 지막(紙幕)에서 아침을 먹고 하양(河陽)에서 말을 먹이고, 영천 와읍(瓦邑) 김복(金福)의 집에서 투숙했다.

다음 날[1월 14일] 새벽에 출발해 사일(射日)에 이르니 동방이 밝아 왔다. 아침밥을 추곡(楸谷)의 천수(千壽) 집에서 먹고 말은 갈령(葛嶺)에서 먹였으며, 투숙은 보현산(普賢山)에서 했다.

다음 날[1월 15일] 서둘러서 돌아갔는데, 가장 먼저 들어왔다.

1592년 2월 3일, 도산 서원 및 청량산을 유람하다

   2월 초3일, 칠원 계부[季父, 조방(趙埅)]께서 선성(宣城, 예안의 옛 이름)을 향해 갈 때 신순부[申順夫, 신지제(申之悌)]는 그 고을의 읍재(邑宰)였다. 내가 배행함에 아우 준도(遵道)와 서숙(庶叔) 월년(月年) 또한 따라왔다. 산달(山達)의 적벽(赤壁) 아래서 말을 먹였는데, 안동 땅이었다. 금소역(琴召驛) 아전의 집에서 잤다.

   다음 날[2월 4일] 날이 밝자 일찍 출발해 대계(大溪)를 건너 북점(北岾)을 넘어 여강 서원(廬江書院)[108]에서 아침을 먹었다. 생원 김위(金渭)가 혼자 있었는데 초면이었다. 알묘(謁廟)를 하고 물러 나와 김 군과 함께 양호루(養浩樓)에 올라 한참을 있다가 누를 내려와 이별했다. 길을 나서서 김상새[金上舍, 김언기(金彦璣)를 말함]의 무덤 아래서 말에서 내려 절을 올렸다. 곧 내가 어린 시절 수학한 선생으로 당시

---

108) 여강 서원(廬江書院) : 1575년(선조 8) 안동 출신 이황의 제자들이 백련사(白蓮寺) 절터에 건립해 이황의 위판을 봉안하고 도학을 강론한 곳이다. 안동 일대에서 가장 큰 규모를 자랑했는데 1676년(숙종 2)에 사액되면서 호계 서원(虎溪書院)으로 개칭했다.

가야촌(佳野村)에 살고 계셨다. 큰 재주를 깊이 쌓았지만 뜻을 얻지 못해 후진(後進)들을 가르치는 것을 자신의 임무로 삼았다. 잠시 서성거리니 선생의 경계하는 말씀이 들리는 듯했다.

지나가며 김득연[金得硏, 자는 여정(汝精)][109] 군의 안부를 물었더니 마침 집에 있지 않아 제봉(題鳳)[110]을 하고 나왔다. 오천(烏川)에서 말을 먹였는데 선성 땅이다. 비암(鼻巖)에 도착해 여장(旅裝)을 먼저 보내고 암반(巖畔)에서 소

---

109) 김득연(金得硏, 1555~1637) : 본관은 광산(光山), 자는 여정(汝精), 호는 갈봉(葛峯)으로 세거지는 안동(安東)이다. 성균관 생원 김언기(金彥璣)의 맏아들로서 어머니는 영양 남씨(英陽南氏) 남세용(南世容)의 딸이다. 첫돌 전에 어머니를 여의고 조모 안씨(安氏)에게서 자랐으며, 아버지에게서 글을 배웠다. 1602년(선조 35) 생진양시(生進兩試)에 급제했으나 일생 동안 벼슬하지 않고 예안(禮安)에 살면서 학문과 시작(詩作)에 전념했다.

110) 제봉(題鳳) : 간단한 글만 남기고 나왔다는 의미다. 《세설신어(世說新語)》〈간오(簡傲)〉에 "혜강(嵆康)이 여안(呂安)과 더불어 사이좋게 지내는 사이여서 서로 생각이 날 때면 1000리 길을 멀다 하지 않고 방문했다. 뒤에 여안이 혜강을 찾아왔으나 혜강은 때마침 집 안에 없고 그의 형 희(喜)가 문을 열고 나가 맞았다. 여안은 들어오지 않고 문 위에 봉(鳳) 자를 써 놓고 가니 희는 깨닫지 못하고 오히려 기쁘게 여겼다. 일부러 봉 자를 쓴 것은 봉이 범조(凡鳥)인 때문이다"라 했다.

요하다가 저물녘에 관아로 들어왔다. 내외분께서는 모두 아무 탈이 없으셨다. 주인은 대제(大祭) 때문에 집을 나갔다. 객사에서 함께 자는데 이날 밤 호랑이를 죽이는 꿈을 꾸었다. 참으로 묘하고도 괴이한 일이로다.

다음 날[2월 5일]은 머물며 쉬었다.

다음 날[2월 6일] 온계(溫溪)의 오 진사[吳進士, 오수영(吳守盈)]111)를 찾아가 배방(拜訪)했는데 주인은 나이가 육순이 넘었는데도 몸이 오히려 강건해 참으로 위안이 되었다. 오순(吳滑)112), 오혼(吳渾)113), 오원(吳源), 오윤[吳衜, 자는 경홍(景泓)]114), 오식[吳湜, 자는 경침(景沉)]115), 오감

---

111) 오 진사(吳進士) : 오수영(吳守盈, 1521~1606). 본관은 고창(高敞), 자는 겸중(謙仲), 호는 춘당(春塘) 또는 도암(桃巖). 아버지는 좌승지에 증직된 오언의(吳彦毅)이며, 어머니는 진성 이씨(眞城李氏)로 이우(李堣)의 딸이다. 이황(李滉)의 문인이다. 1592년 임진왜란이 일어났을 때 72세의 고령으로 직접 전쟁에 참가하지 못함을 한탄해 조목(趙穆)과 김성일(金誠一)에게 글을 보내 국방에 전력함을 독려하고, 이여송(李如松)에게도 글을 보내 전공을 치하했다.
112) 오순(吳滑, 1552~?) : 본관은 고창(高敞), 자는 경원(景源), 호는 금옥당(金玉堂)으로, 봉정대부(奉正大夫)를 지냈다,
113) 오혼(吳渾, ?~?) : 본관은 고창(高敞)이다.
114) 오윤(吳衜, 1554~?) : 본관은 고창(高敞), 자는 경홍(景泓), 호는 옥계(玉溪)다.

[吳淦, 자는 경심(景深)]116)이 모두 곁에 있었다. 즐거이 종일토록 술을 마시다가 파했다. 마침내 경흥[오윤]이 소매를 이끌고 자신의 집으로 들어가기에 거기서 다시 술을 마셨다. 밤이 깊어 취해 이별하고 돌아오니 주인[신지제를 말함] 또한 향교에서 술에 취해 돌아와 쓰러져 누워 있었다.

다음 날[2월 7일] 내한(內翰) 김해(金垓)117) 공을 찾아가 배방(拜訪)했는데 자리에 없어 봉 자(鳳字)를 써 놓고118) 돌아왔다. 돌아오는 길에 하양(河陽)군수 금응협(琴應夾)119)

---

115) 오식(吳湜, ?~?) : 본관은 고창(高敞), 자는 경침(景沈), 호는 명계(明溪)로, 봉정대부(奉正大夫)를 지냈다.

116) 오감(吳淦, 1564~?) : 본관은 고창(高敞), 자는 경심(景深), 호는 청수정(淸壽亭) 혹은 화산(花山)이다. 참찬(參贊)을 지냈다.

117) 김해(金垓, 1555~1593) : 본관은 광산(光山), 자는 달원(達遠), 호는 근시재(近始齋)·시재(始齋). 김효로(金孝盧)의 증손으로, 할아버지는 관찰사 김연(金緣)이고, 아버지는 김부의(金富儀)이며, 어머니는 권습(權習)의 딸이다. 임진왜란이 일어나자 향리 예안(禮安)에서 의병을 일으켜, 영남 의병대장으로 추대되어 안동·군위 등지에서 분전했다. 경주에서 이광휘(李光輝)와 합세해 싸우다가 진중에서 병사했다.

118) 봉 자(鳳字)를 써 놓고 : 원문은 제봉(題鳳)으로, 보지 못함을 뜻한다. 구체적인 고사는 앞의 주 110 '제봉' 참조.

119) 금응협(琴應夾, 1526~1596) : 본관은 봉화(奉化), 자는 협지(夾

과 상사(上舍) 금응훈(琴應燻)120)을 찾았는데 같은 집에 살면서 화목하게 지내고 있어 공락(孔樂)121)의 기상을 생각할 만했다. 즐거이 술을 나누다가 조용히 파했다.

다음 날[2월 8일]은 머물면서 쉬었다.

다음 날[2월 9일] 도산(陶山)으로 가는 길에 분천(汾川)의 애일당(愛日堂)122)을 구경했는데 곧 농암(聾巖) 이 선

之), 호는 일휴당(日休堂)으로 봉화와 안동에 살았으며 이황(李滉)의 문인이다. 1555년 식년시 3등으로 생원에 합격하고, 음보(蔭補)로 참봉·세자사부·익찬 등을 제수받았으나 모두 나아가지 않고 후진 양성에 힘썼다. 《사마방목(司馬榜目)》,《교남지(嶠南誌)》 참조.

120) 금응훈(琴應燻, 1540~1616) : 본관은 봉화(奉化), 자는 훈지(燻之), 호는 면진재(勉進齋)로 봉화와 안동에 살았다. 이황의 문인으로 학문에 매우 부지런해 이황이 면진(勉進)이라는 호를 지어 주었다고 한다. 학행으로 천거되어 현감을 제수받았다.《사마방목》,《교남지》 참조.

121) 공락(孔樂) :《시경(詩經)》〈한혁(韓奕)〉에서 "심히 즐거운 한나라 땅이여, 삼택에 매우 크고 넓다(孔樂韓土, 川澤訏訏)"라고 했다.

122) 애일당(愛日堂) : 조선 중종 때의 문신이자 학자인 농암(聾岩) 이현보(李賢輔)의 별당이다. 1512년(중종 7) 이현보의 나이 46세 때 부모를 위해 분강(汾江) 기슭의 농암(聾巖) 위에 처음 지었으며, 1548년(명종 3)에 중창했다. 현재의 건물은 조선 후기에 다시 세운 것이다. 경북유형문화재 제34호.

생123)의 정사다. 그의 아들 진사(進士) 이숙량(李叔樑)124)이 선대의 세업을 이어받아 거듭 새롭게 했다. 주인이 나와 맞이해 즐겁게 술잔을 나누다가 시 한 수를 읊조리고 파했다. 도산 서원(陶山書院)에 올라가니 이번(李蕃, 자 언성)125)이 뒤따라와서 알묘를 하고 물러갔다. 선생께서 평소 물러나 기거(起居)하시던 곳을 두루 살펴보니, 선생의 침석

---

123) 농암(聾巖) 이 선생 : 이현보(李賢輔, 1467~1555). 본관은 영천(永川), 자는 비중(棐仲), 호는 농암(聾巖)으로 안동에 살았다. 1498년 문과에 급제해 1504년 정언(正言)을 지낼 때 서연관(書筵官)의 비행을 논했다가 안동에 유배되기도 했다. 1523년 성주목사(星州牧使)로 선정을 베풀어 왕으로부터 옷감을 하사받았고, 10장으로 전하던 〈어부사(漁父詞)〉를 5장으로 고쳐 지은 것이 《청구영언(靑丘永言)》에 전한다. 《교남지》참조.
124) 이숙량(李叔樑, 1519~1592) : 본관은 영천(永川), 자는 대용(大用), 호는 매암(梅巖)으로 이현보의 아들이다. 1543년 식년시 3등으로 진사에 합격했으나 출사 의지를 버리고 성리학에 전념했으며, 필치가 뛰어나 금보(琴輔)·오수영(吳守盈)과 함께 '선성삼필(宣城三筆)'로 일컬어졌다. 임진왜란 때에 의병장으로 추대되어 영남 여러 고을에 격문을 발송해 사민을 일으켰고, 대구 연경 서원(硏經書院) 향현사에 제향되었다.
125) 이번(李蕃, ?~?) : 이현보의 종손(從孫)로 본관은 영천(永川), 자는 언성(彦成)이며, 첨정(僉正)을 지냈다. 상사(上舍) 서천일(徐千一)의 처질이다.

(枕席)・궤연(几筵)・청려(靑藜)・투호(投壺)・연적(硯滴) 및 벽 사이의 도서(圖書) 등이 완연히 어제 같았다. 손을 맞잡고 늠름한 모습을 공경히 상상하노라니 따뜻한 훈계의 말씀을 듣는 듯했다. 선생은 참으로 돌아가셨지만 돌아가신 것이 아니었다.

유정문(幽貞門)・정우당(淨友塘)・절우사(節友社)・시습재(時習齋)・지숙료(止宿寮)・관란헌(觀瀾軒)을 두루 보니 선현의 옛 자취가 자못 나의 마음을 고무했다. 천연대(天然臺)로 나와서 이 군이 마련한 술을 즐겁게 마시며 각기 〈도산가(陶山歌)〉 한 곡씩을 부르고 파했다. 서쪽에는 천광운영대(天光雲影臺)가 있었는데 그 승경의 훌륭함은 천연대에 양보하지 않았다.

소나무 가지는 햇살을 가리고, 위의 하늘 아래의 물에선 새들이 날고 물고기가 뛰어올랐다. 좌우의 취병(翠屛)[126]은 움직이면서 그림자를 푸른 물에 드리우고 강산의 승경을 한 번 보고 다 얻게 되었다. 대(臺) 아래에는 탁영담(濯纓潭)이 있고 담(潭) 가운데는 반타석(盤陀石)이 있어, 또한 여섯 사

---

126) 좌우의 취병(翠屛) : 도산 서원은 영지산(靈芝山)을 뒤로하고 동취병(東翠屛), 서취병(西翠屛)으로 둘러싸인 아늑한 골짜기 안에 자리 잡고 있다.

람쯤 앉을 만했다. 취기에 의지해 저물녘이 되어 손을 잡고 두루 구경하다가 돌아와 애일당(愛日堂)의 자연을 유람했다. 흥이 다하고 술도 깨어 소매를 흔들며 이별했다.

다음 날[2월 10일] 일찍 청량산(淸凉山)으로 출발했다. 분천(汾川)을 지나 퇴계(退溪)를 따라 이 생원[이번을 말함]과 숙부님을 모시고 월명담(月明潭)으로 올라갔다. 1000길의 맑은 연못이 티끌 가득한 창자를 맑게 할 수 있을 듯했다. 배를 타고 상하로 오르내리니 해거름에 조금 서늘한 기운이 감도는데 물결은 확 트여 있었다. 노를 멈추고 배를 대어 고산(孤山)으로 들어가니 좌우에는 기암(奇巖)이 1000길로 우뚝 서 있었다. 낙천(洛川)의 물은 가운데로 흘러 바위 굽이를 따라 감아 돌고 백구(白鷗)는 물결을 따라 오르내리니 강산의 절경이 어느 곳이 이와 같으리오!

생원 오식(吳溭)이 따라와서 시냇가에 어지러이 앉아 물고기를 삶고 차를 끓이고, 즐거이 술잔을 주고받다가 달빛 아래 취해 소를 타고 천천히 걸으며 시 한 수를 읊었다. 동구에 도착하니 산중의 해가 이미 저물고 돌길은 험했다. 울퉁불퉁한 길로 절에 도착했는데, 절은 이른바 연대사(蓮坮寺)였다. 이날 밤 기분이 흡족해 편안히 잤다.

다음 날[2월 11일] 손을 잡고 나와 연대(蓮坮)에 오르니 기(氣)와 술이 서로 이어져서 여러 봉우리들이 읍(揖)하며

권하는 듯했다. 유람을 강행했으므로 나는 시를 지어 이르기를,

구름 기운은 멀리 축융봉(祝融峯)에 이어져 있으니
천공은 마땅히 세속 선비의 유람을 꾸짖겠지

雲氣遙連祝融峯 天公應呵俗士遊127)

라고 했다. 나와 제군(諸君)은 손바닥을 치면서 크게 웃었다.

아침 해가 이미 동쪽 하늘에 떠올랐다. 머리에는 황건(黃巾)을 쓰고 손에는 청려장(靑藜杖)을 짚고, 짚신을 단단히 고쳐 신고, 술을 차고 중대암(中臺庵)을 지나 고도암(古道庵)과 보문암(普文庵)을 거쳐 금탑봉(金塔峯)에 이르니 봉우리의 허리에 반야대(半夜臺)가 있었다. 또 총명굴(聰明窟)이 있었는데, 돌샘은 향기롭고 차가웠다.

---

127) 운기(雲氣)… 사유(士遊) : 〈청량산에서 제공과 함께 술잔을 나누며(淸凉山與諸公相醻韻)〉의 앞 두 구절이다. 뒤의 두 구절은 "선생의 참된 정취를 어디에서 본받을까, 산은 스스로 높고 물은 길이 흐르는 것을(先生眞趣何處倣, 山自峨峨水長流)"이다.

치원암(致遠庵)을 거쳐 극일암(極日庵)에 오르니 암자 뒤에는 풍혈대(風穴臺)가 있었다. 도인(道人)들이 서로 전해 고려(高麗)[128]의 최치원(崔致遠) 학사가 일찍이 독서하던 곳이라 했다. 안중암(安中庵), 화암암(華巖庵), 상청량암(上淸凉庵), 하청량암(下淸凉庵)을 지나니 동암(東庵)이 있고 동암의 서쪽에는 동석(動石)이 있었다. 바위가 1000길로 우뚝하게 솟아, 나는 새도 지나가지 못할 듯했다. 경일암(擎日庵), 경일봉(擎日峯)을 거쳐 김생굴(金生窟)에 당도했는데, 굴의 왼쪽에는 폭포(瀑布)가 있었다. 마침 봄 얼음이 녹지 않았고 쌓인 눈도 녹지 않아, 이 또한 하나의 기이한 경치를 이루었다.

  대승암(大乘庵)에서 투숙하고 일어나니[2월 12일], 해가 이미 축융봉(祝融峯)을 지나갔다. 암자 앞에는 청풍대(靑風臺)가 있어 바람을 쐬고 시를 읊조리며 소요하다가 아침밥을 먹고 제군들과 함께 산인의 시축(詩軸)에 각자 차운했는데, '농(哢)' 자 운이었다.

---

128) 고려 : 최치원은 9세기 통일 신라 말 고려 초의 학자다. 《삼국사기》 권46 열전 제6에, "치원은 [태조가] 비상한 인물로 반드시 천명을 받아 나라를 세울 것을 알고서 편지를 보내 문안드렸는데, '계림은 누런 잎, 곡령(鵠嶺)은 푸른 소나무'라는 구절이 있었다"라고 적고 있다.

대승암(大乘庵)에 오르니 문수암(文殊庵)과 보현암(普賢庵)이 있고, 암자 위에는 후선대(嗅仙臺)가 있었고, 몽상암(夢想庵), 기효암(記曉庵)을 지나자 암자의 오른쪽에 석굴이 있었으며 또 돌샘도 있었다. 만월암(滿月庵), 백운암(白雲庵)을 지나니 산인이 쏘가리회를 각기 바쳤는데 선미(仙味)였다. 몇 잔의 술을 마시니 번뇌가 깨끗이 씻어지는 듯했다. 이미 자소봉(紫宵峯)과 연적봉(硯滴峯)에 오르니 비로소 산이 청수(淸秀)하고 안계(眼界)가 끝이 없다는 것을 믿게 되었다. 또 시 한 수를 읊었다.

평생 숙원이었던 것을 지금 비록 잘 탐승했으나 우여곡절이 많았던 것을 경계하며, 훌쩍 지팡이를 돌려 진불암(眞佛庵)을 거쳐 서서히 돌아왔다. 이날 밤 달빛이 대낮같이 밝아 열두 봉우리가 지금 궤연(几筵) 아래 있었다.

오르지 못한 곳은 필봉(筆峯), 선학봉(仙鶴峯), 사자암(獅子庵), 자비암(慈悲庵), 향로봉(香爐峯), 연화봉(蓮花峯), 내장인(內丈人), 외장인(外丈人), 상대암(上臺庵), 상초암(上楚庵), 동초암(東楚庵), 동수암(東秀庵), 축융봉(祝融峯), 금강굴(金剛窟)이었다. 문득 4운(四韻) 두 수를 읊었다.

다음 날[2월 13일] 일찍 아침밥을 먹고 산을 내려오니 열 걸음에 아홉 번을 돌아보며 가인(佳人)과 이별하는 듯 연연

(戀戀)했다. 낙천(洛川)을 건너 경암(景巖) 아래서 말을 먹이며 두 수의 시를 지어 읊었다.

어부가 쏘가리를 올려서, 회를 치거나 삶기도 하고, 술을 마시거나 노래 부르기도 해 신선이 된 듯 흥취가 유유했다. 저물녘에 오 상사(吳上舍)께 들러서 인사를 하니 곁에 한 사람의 객(客)이 있었다. 곧 상사(上舍) 서천일(徐千一)[129]로 이언성[이번] 군의 외숙이었다. 즐겁게 술잔을 나누다가 물러 나와 제군과 손을 흔들며 이별하고 달빛 아래 물러왔다.

다음 날[2월 14일]은 머물며 쉬었다.

다음 날[2월 15일]은 비를 무릅쓰고 돌아가는 길에 올랐는데 마점(馬岾)에서 투숙했다. 안동 땅이었다.

다음 날[2월 16일] 일찍 출발해 진보(眞寶) 땅에서 아침을 먹고 청송(靑松)에서 말을 먹였으며, 밤이 깊어 집으로 돌아왔다.

---

129) 서천일(徐千一, 1532~?) : 본관은 달성(達城), 자는 희우(希愚), 호는 응회(應會)로 영주에 살았다. 1561년 3등으로 생원에 합격했다. 《사마방목(司馬榜目)》 참조.

1592년 4월 6일, 왜구가 침입하다

○ 4월 6일, 왜구가 침입했다는 소식을 듣다

여름 4월 6일, 신양근(申養根)130)을 방문했을 때, 현리(縣吏)가 바치는 고목(告目)에 왜구가 난을 일으켰다는 등의 말이 있었다, 급히 돌아가 아버님께 아뢰었다.

"왜구로 인한 근심이 이미 가볍지 않다는 것을 듣고 보니, 참으로 통탄스럽습니다."

아버님을 모시고 본부(本府, 관아)에 들어가 향중(鄕中)에서 일을 아는 여러 사람들을 청해 임금과 백성을 잘 보존할 수 있는 방법에 대해서 의논했다.

○ 4월 13일, 부산과 다대포가 함락되다

13일, 부산과 다대포과 모두 함락되었다.

○ 4월 14일, 절영도에서 왜선이 포를 쏘아 그날로 함락되다

---

130) 신양근(申養根, ?~?) : 미상.

14일, 동래 절영도(絶影島)[131]에 왜선이 비늘처럼 잇달아 바다로 들어와서 포를 비처럼 쏘아 그날로 함락당했다.

○ 4월 16일, 언양과 양산이 함락되다
16일, 언양과 양산이 잇달아 함락되었다.

○ 4월 21일, 방어사 이일이 북쪽으로 달아났다고 한다
21일, 내성(內城)과 월성(月城)이 모두 함락되었다. 이로부터 강좌(江左)와 강우(江右)에 있는 동남쪽의 여러 읍이 차차로 함몰되었다. 여러 장수들은 바람을 보면서 달아나 흩어지고, 사졸들은 갑옷을 버리고 다투어 달아나니, 하늘의 뜻과 나라의 운수가 어찌 이러한 지경에까지 이르게 되었는가! 서쪽을 바라보며 통곡하니 분개심(憤慨心)을 이길 수 없었다. 방어사(防禦使) 이일(李鎰)[132]은 상주(尙州)에

---

131) 절영도(絶影島) : 예로부터 말 사육장으로 유명해 목도(牧島)라 부르기도 했다. 또 이곳에서 사육한 명마가 빨리 달려 그림자조차 볼 수 없다 해서 절영도(絶影島)라고 불렀다. 줄여서 영도(影島)라 하기도 한다.
132) 이일(李鎰, 1538~1601) : 본관은 용인(龍仁), 자는 중경(重卿). 1558년(명종 13) 무과에 급제해 경성판관 등을 거쳐 1583년(선조 16)

서 전쟁을 지휘하다가 마침내 북쪽으로 달아났다고 하니 참으로 한심하다.

○ 4월 22일, 충주가 함락되다

22일, 충주(忠州)가 함락당했다.

○ 4월 23일, 창곡으로 들어가 집안을 보존할 계획을 세우다

23일, 적의 세력이 더욱 커져 국사가 매우 위급하게 되었다. 양친이 모두 편안하게 계시나 들판에 있을 수가 없다. 그러한 까닭에 모시고 창곡(唱谷)133)으로 들어가 막을 치고 집안을 보존할 수 있는 계책으로 삼았다.

○ 4월 24일, 관아로 들어가 의병을 논의하다

전라좌수사 · 경원부사를 지냈다. 1592년 4월 왜란이 일어나자 경상도 순변사가 되어 북상하는 왜적을 상주에서 맞아 싸우다가 크게 패배하고 충주로 후퇴했다. 충주에서 도순변사 신립의 진영에 들어가 재차 왜적과 싸웠으나 패하고, 샛길로 도망해 황해도 · 평안도로 피했다.
133) 창곡(唱谷) : 청송군 안덕면 장전동 창말이다. 이황, 김성일, 장현광을 제향하는 송학 서원(松鶴書院)이 있다.

24일, 아버님을 모시고 부중(府中, 관아)으로 들어가 방백(方伯)과 함께 의병에 대해 상의하다가 돌아왔다.

○ 4월 27일, 유사를 정해 창의토록 하다

27일, 아버님의 명으로 향사(鄕射)134)에 들어가 각 면의 지모(智謀)가 있는 자를 청해 유사(有司)를 의논해 정하고 그로 하여금 긴급히 창의(倡義)하도록 했다.

○ 4월 29일, 의병장을 뽑아 각 면에 전령하다

29일, 부백(府伯, 고을의 수령)이 의병장을 뽑아 각 면에 전령(傳令)했다.

○ 5월 30일, 동도와 형도가 곽재우의 의진에 들어가다

지난 5월 그믐, 곽재우(郭再祐) 공이 의병소를 설치해 각 읍의 군장(軍將)을 모은다는 이야기를 들었다. 이때 아우 동도(東道)135)가 형도(亨道)를 따라 의진(義陣)에 들어갔다.

---

134) 향사(鄕射) : 향원들이 서로 편을 갈라 활쏘기 재주를 겨루는 의식을 말하나, 여기서는 그 단체라는 의미로 사용되었다.
135) 동도(東道) : 조동도(趙東道, 1578~1668). 본관은 함안(咸安), 자(字)는 경망(景望), 호(號)는 지악(芝嶽)이다. 어려서부터 기개와 절조

그러나 나는 어버이가 계셔서 차마 떠날 수 없었던 까닭에 울며 위로하면서,

"어버이를 모시는 일은 오직 나에게 있으니 너는 걱정하지 마라. 나랏일은 오직 너에게 있으니 나의 뜻도 함께한다."

라고 했다. 이로 인해 시를 읊조리며 위로하고 권면(勸勉)하며 아우를 보냈다.

○ 6월 4일, 김번과 시사를 의논하다

초4일, 김번(金蕃)136)을 찾아가 인사드리고 함께 시사(時事)에 대해 의논했다.

가 높았으며 관직은 부정(副正)에 올랐다. 1592년 임진왜란이 일어나자 15세의 나이로 둘째 형 조형도(趙亨道)를 따라 곽재우(郭再祐) 진에 나아가 적을 토벌하는 계책을 고(告)했다.

136) 김번(金蕃, 1551~1593) : 본관은 일선(一善), 자는 창중(昌中), 호는 매돈(梅墩). 검교위대장군 김창서(金昌緒)의 후손이며, 아버지는 인의(引儀) 김몽정(金夢丁)이다. 1558년(명종 13) 진사가 되었으며, 간신들이 국정을 농단하는 것을 보고 진정사(陳情辭)를 짓고 스스로 관직을 버렸다. 이후 오직 학문에만 전념하면서 후진 양성에 힘쓰다가 임진왜란을 당해 청송으로 피난했다.

○ 6월 8일, 양친을 모시고 회곡으로 옮기다

초8일, 어버이를 모시고 회곡(檜谷)137)으로 옮겨 살게 되었다.

○ 6월 19일, 국사로 인해 심기가 불편해지다

19일, 판관(判官) 숙부님[조탄(趙坦)]138)을 따라 함안(咸安)으로 출발해 고현(古縣)에 도착하니 길이 막혀 채찍을 재촉해 돌아오는 길에 전삼락(全三樂)139)・조이정(曺以鼎)140) 등이 내방했다. 말이 국사(國事)에 미치게 되자 갑자기 심기(心氣)가 불편해져서 겨우 집으로 돌아와 며칠간을 신음했다.

---

137) 회곡(檜谷) : 경북 청송군 안덕면 근곡리 회골[회엣골]을 말한다.
138) 판관(判官) 숙부님 : 조탄(趙坦, 1552~1612). 본관은 함안, 자는 극평(克平), 호는 도암(韜巖)으로 행훈련원판관(行訓鍊院判官)을 지냈다.
139) 전삼락(全三樂, ?~?) : 본관은 용궁(龍宮), 자는 군서(君瑞), 호는 정와(定窩). 예조참의(禮曹參議)를 지냈다. 임진왜란을 맞아 아우 삼익(三益), 삼달(三達), 삼성(三省)과 함께 분연히 의병으로 나서서 영천 등지에서 공을 세웠다.
140) 조이정(曺以鼎, ?~?) : 본관은 창녕, 자는 극응(克凝), 선무원종공신으로 녹훈(錄勳)되고 무과에 급제해 훈련원정(訓鍊院正)을 지냈다.

○ 7월 10일, 산속에서 승지를 찾았으나 동해가 너무 가까워 위험하다

지난 7월 10일, 아버님께서 명령해 경계하시기를,

"병조판서(兵曹判書) 박진(朴晉)141)이 고을에 들어왔다가 크게 놀라 산으로 들어갔다. 이렇게 나라가 흔들리고 세상이 어지러운 때를 만났으니 뜻대로 되기는 어렵더라도 나라를 위해 힘써야 한다."

라고 하셨다. 아버님의 명령을 받들어 갈내(葛內)로 들어갔는데 갈내는 곧 주방산(周房山)142)의 뒤쪽 산기슭이다.

다음 날[7월 11일] 아침, 역리(驛吏) 임동(林同)과 함께 산속을 두루 살펴 은거할 만한 곳을 찾았는데, 참으로 승지

---

141) 박진(朴晉, 1560~1597) : 본관은 밀양(密陽), 자는 명부(明夫), 아버지는 박인수(朴麟壽)다. 임진왜란 초기 왜적과 싸운 장수 가운데 두드러진 인물 중 하나였다. 1593년에 독포사(督捕使)로 밀양·울산 등지에서 전과를 올렸다. 1594년 2월에 경상우도병마절도사, 같은 해 10월 순천부사, 이어서 전라도병마절도사, 1596년 11월 황해도병마절도사 겸 황주목사를 지내고 뒤에 참판에 올랐다. 좌찬성에 추증되었으며, 1736년 의열(毅烈)의 시호를 받았다.
142) 주방산(周房山) : 주왕산(周王山)의 다른 이름이다. 혹은 석병산(石屛山)이라 하기도 한다.

(勝地)가 있어 한 사람이 관문을 지키기만 해도 1만 명이 열지 못할 땅이었다. 다만 동해가 너머 가까워 위험한 것이 염려되었다. 시를 지었으니 이러하다.

세속의 선비들이 적을 피해 동쪽으로 달아난 날
임금님은 정처 없이 날아 서해 끝으로 갔네[143]
달려 갈밭[144]에 이르러 다리에 힘도 없는데
어찌하여 사나운 귀신은 또 몸을 얽어매는고?

俗儒遯賊東奔日　龍御飄飄西海濱
走到葛田無脚力　如何虐鬼又纏身

적을 피해 일찍이 북쪽으로 달아나다가
오늘 또 동쪽으로 달아나게 되었네
행장(行裝)은 짧은 지팡이를 따르고

---

143) 임금님은… 갔네 : 선조의 몽진(蒙塵)을 말한다. 1592년 4월 13일 일본군이 부산포에 상륙, 파죽지세로 북진해 오자 조정은 보름 만에 한성을 버리고 개성으로 피난했으며, 이어 평양을 거쳐 의주까지 퇴각했다.
144) 갈밭 : 갈전(葛田). 경북 청송군 주왕산면 주산지리의 갈전 마을[葛內]을 말한다.

신세는 굴러다니는 쑥에 맡긴다네
집도 없이 여름을 보내고 나니
오동잎 사이로 이미 가을바람 부는구나
애달프구나, 내 아내와 아들이여!
어느 곳에서 원숭이나 벌레처럼 되었는고?

避賊曾走北 如今又奔東
行裝隨短竹 身勢任轉蓬
靡家經夏月 梧葉已秋風
哀哀妻與子 何處化猿虫

○ 7월 22일, 양친께서 여전하시나 왜적이 동해에 임박하다

 지난 22일, 회곡(檜谷)으로 돌아오니 부모님께서 예전과 같이 편안하시니 사사로이는 다행이다. 그러나 왜적이 동해에 임박하니 형세가 부득이하구나. 재촉해 옛날 살던 곳으로 돌아와서 시를 지었다.

 북으로 숨고 동으로 달아나 난리로 흩어졌나니
 고향 이웃의 옛 벗들이 누가 있어 서로 친한고?
 눈앞에서는 어린아이처럼 눈물 흘리고

당하(堂下)에는 두 아우가 찡그리는 듯하구나
한집안에서 스스로 즐겁게 지내던 그 옛날이여
온 세상에 난리가 일어나 참으로 슬프도다
지붕 위 달빛은 창에 가득해 티끌 홀연히 흩어지는데
어지러운 천 리 길, 꿈속의 이내 몸이로다[145]

北竄東奔任亂離　鄕隣朋舊孰相親
目前彷彿稺兒泣　堂下依俙二弟嚬
自喜一門依舊日　聊憐四海漲風塵
梁月滿窓塵忽散　擾擾千里夢中身

○ 7월 28일, 하루아침에 짐승의 소굴이 되고 말았구나

28일, 당병(唐兵) 10여만 명이 원병(援兵)으로 송경(松京, 개성)에 도착했다는 말을 들었으나, 길이 남쪽으로 달려

---

145) 꿈속의 이내 몸이로다 : 당나라 개원(開元) 연간에 도사(道士) 여옹(呂翁)이 한단(邯鄲)에서 소년 노생(盧生)을 만났는데, 노생이 여옹에게 자기 신세를 한탄하자, 여옹은 노생에게 베개를 주면서 "이것을 베면 부귀영화를 뜻대로 누릴 것이다"라고 했다. 그러고 나서 여옹은 기장[粱]으로 밥을 짓고, 노생은 베개를 베고 잠이 들었는데, 꿈속에서 일평생의 부귀영화를 실컷 누리고 그 꿈을 깨어 보니 아직 기장밥이 익지 않았다는 고사다.

와서 어느 곳에 있는지 마침내 알 수가 없었다. 이것은 반드시 까닭이 있을 것이다. 아! 200년의 예악 문물(禮樂文物)로 화려하던 이 땅이 하루아침에 모두 개와 염소, 여우와 토끼가 사는 소굴이 되었구나. 때의 운수인가! 하늘의 뜻이라면 따지기도 어렵도다. 300고을 예모를 갖춘 사족(士族)의 집이 하나의 왜적 손에 모두 더럽혀지게 되었으니, 나라의 욕됨이요 백성의 수치로다. 어떻게 하면 상쾌하게 이 마음을 씻어 낼 수 있을까? 참으로 원통하고 원통하구나.

○ 8월 1일, 관아로 나아가 의병군의 군량미를 논의하다

지난 8월 초1일, 아버님을 모시고 본부(本府, 관아)에 들어가서 의병군의 긴요한 일을 탐문하고, 서로 의병군의 군량미(軍糧米)에 대해 의논했다.

○ 8월 8일, 영산 편지에 개봉하기 전 눈물이 먼저 흐르다

초8일, 서룡(西龍)146)이 영산(靈山)에서 와서, 숙부 및

---

146) 서룡(西龍) : 사노(私奴)인 듯하다.

집안사람들의 편지를 갖고 와서 사정을 알렸다. 실제 면목(面目)을 대하는 듯해 개봉을 하기 전에 눈물이 먼저 줄줄 흘렸다. 한곳으로 같이 피해 병화를 입지 않았다 한다. 그 다행함을 어찌 말로써 표현할 수 있겠는가? 또한 죽음을 면했다고 하니 내 마음이 조금 놓인다. 다만 함안 사람 안민(安慜)147)과 이령(李伶)148)·이형(李亨)149) 부자가 전쟁에 나아가 해를 입었다고 하고, 이형(李亨)은 힘써 싸우다 전사했다고 한다. 이로 인해 원통함을 느끼며 시를 지어 읊었다.

---

147) 안민(安慜, 1539~1592) : 본관은 순흥(順興), 자는 사심(士心), 호는 모헌(茅軒)이다. 1592년 봄 휴가를 받아 김해에 내려와 당시 감로사(甘露寺)에 있는 안향의 시판(詩板)을 새로 고치려고 하던 중 왜적의 침입으로 김해가 함락된 것을 알았다. 이에 감로사 승려 100여 명과 더불어 의병을 일으켜 김해 읍성으로 향하던 중 왜적과 맞서 싸우다 그해 음력 4월 23일 입석강(立石江) 부근에서 순절했다. 일명 용백장군(春百將軍)이다.
148) 이령(李伶, 1541~1592) : 본관은 광평(廣平), 자는 여윤(汝允), 호는 충순당(忠順堂)이다. 1592년(선조 25) 52세 때 왜적이 동래성에 침입해 위급하게 되었다는 소식을 듣고 의병 100여 명을 모집해 참전했다가 그해 4월 20일 순절했다.
149) 이형(李亨, 1572~1592) : 이령(李伶)의 아들로 본관은 성산, 문과에 급제했다. 임진왜란을 맞아 의병에 참여했다가 아버지와 함께 순절했다.

○ 8월 14일, 풍신수길이 죽었다는 소문이 떠돌다

14일, 듣건대, 풍신수길(豊臣秀吉)150)이 유구국(琉球國)에서 사살되었다고 한다. 풍문에 전하는 것이라 진위는 진실로 알 수가 없다. 그러나 그 말이 사실이라면 하늘의 뜻을 점칠 수 있다.

○ 8월 16일, 김성일이 경상좌도 관찰사로 승진되다

16일, 초유사(招諭使) 승상(丞相) 김성일(金誠一)151)이

---

150) 풍신수길(豊臣秀吉) : 도요토미 히데요시(1536~1598). 일본의 무장·정치가. 오다 노부나가 휘하에서 점차 두각을 나타내어 중용되던 중 오다 노부나가가 죽자 원수를 갚음과 동시에 일본 통일을 이룩했다. 그는 조선과 교류가 있는 대마도주에게 명해 조선에 명나라 정복을 위한 협조를 요청했다. 4년 동안 교섭을 진행했으나 실패로 돌아가자 마침내 1592년 조선을 침공해 임진왜란을 일으켰다. 1592년 8월 14일 조수도가 들었던 풍신수길의 죽음은 풍문이었을 따름이다.

151) 김성일(金誠一, 1538~1593) : 본관 의성(義城), 자는 사순(士純), 호는 학봉(鶴峯)으로 이황(李滉)의 문인이다. 1590년 통신부사로 일본에 파견되었다가 돌아와 일본이 조선을 침입하지 않을 것이라고 보고한 바 있으며, 임진왜란이 일어난 그해 8월 경상도 관찰사에 임명되어 충정을 다할 기회를 맞았다. 1593년 순찰사로서 각 고을의 항전 상태를 살피고 독려하기도 했으나 병으로 곧 세상을 떠났다.

경상좌도 관찰사로 승진되어 우리 지역 가까이 당도해서 백성은 다시 살아나게 되기를 기대했다. 그러나 도리어 강우(江右) 쪽으로 건너갔다고 하니, 강좌(江左) 지역의 복 없음이 또한 지극하다고 하겠다.

○ 8월 30일, 처자를 데리고 오다

　30일, 아내와 아이들을 데리고 왔다.

1592년 9월 19일, 함안으로 가서 안부를 묻다

9월 19일, 함안(咸安)을 향해 출발해 하양(河陽)에 도착했다. 병마절도사(兵馬節度使)가 성중(城中)에 남아 진을 치고 있었는데, 이때 왜졸(倭卒)들을 연일 현의 경계에서 불태워 죽였다고 한다. 말을 빨리 몰아 진영 속으로 들어가 의군(義軍)의 긴요한 일을 탐문하고 물러나왔다.

다음 날[9월 20일], 남정(南亭)으로 가니 영양 의군(永陽義軍, 영천의 의병)이 천변에서 진영을 치고 있었다. 이 때문에 말에서 내려 진영으로 들어가 의병장(義兵將)께 인사를 드리고, 전령(傳令)을 정확하게 알아보고 물러 나왔다.

경산에 도착해 고개 하나를 넘어 대구와 청도의 길을 바라보니 왜군의 그림자도 보이지 않았다. 말을 재촉해 몰아 흑석(黑石) 마을에 도착하니 쓸어버린 듯 흔적도 없고, 다만 폐허(廢墟)에는 가을 풀만이 보일 따름이었다. 검은 옷을 입은 한 사람이 앞을 지나갔다. 곧 조(曺) 군이었다. 앞으로 불러 이야기를 나누었는데, 목이 메어 말도 다 못했으며, 그 참혹함을 차마 듣지 못했다. 왜적의 무리는 사방으로 흩어져 있어 피하기가 어려울 듯해 어둠을 틈타 깊은 골짜기 속으로 들어가 달빛 아래 앉아서 날이 밝길 기다렸다. 이날 밤 겪은 일에 대해서는 말로 형용할 수가 없다.

다음 날[9월 21일] 월산(月山)에 도착해 김돈인(金敦仁)¹⁵²⁾과 김돈례(金敦禮)¹⁵³⁾를 만나 잠시 오랫동안 보지 못한 회포를 풀었다. 지포(池浦)를 거쳐 마소원(馬嘯院)을 지나 나루에 당도하니, 노비 명실(命實)이 와서 보았다. 김해의 두 숙부께서는 함안(咸安)에 가 계시고, 내금위(內禁衛) 숙부께서는 향임(鄕任)¹⁵⁴⁾으로 같은 군에 계시고, 칠원 숙부[조방(趙埊)]께서는 최근까지 안음(安陰)에 계시다가 지금은 삼가(三嘉)에 계신다고 했다.

다음 날[9월 22일], 오진(吳溍) 어르신과 주필창(周必昌) 생원을 찾아가 뵙고 이야기를 나누었다.

다음 날[9월 23일], 오 판교(吳判校, 오운)¹⁵⁵⁾에게 가서

---

152) 김돈인(金敦仁, ?~?) : 미상.
153) 김돈례(金敦禮, ?~?) : 미상.
154) 향임(鄕任) : 좌수(座首), 별감(別監) 따위의 향소의 직원(職員)을 말한다.
155) 오 판교(吳判校) : 오운(吳澐, 1540~1617). 본관은 고창(高敞), 자는 태원(太原), 호는 죽유(竹牖)로 조식(曺植)과 이황(李滉)의 문인이다. 1566년 병과로 문과에 급제해 공조참의(工曹參議)・경상관찰사(慶尙觀察使) 등을 역임했으며, 임진왜란 때 의병 활동을 했고, 정유재란에 다시 공을 세워 도원수 권율(權慄)의 추천으로 통정대부(通政大

인사를 드렸는데, 빈객(賓客)이 마루에 가득했다. 진사 오여온(吳汝穩)156)과 생원 허도(許導)157) 또한 곁에 있었다. 종일토록 술잔을 나누다가 파했다.

다음 날[9월 24일], 허 첨지(許僉知, 허언심)158)께 가서 인사를 드렸다.

다음 날[9월 25일], 판관(判官) 숙모님께 가서 인사를 드렸는데, 숙부님께서는 지금 성주판관(星州判官)이 되셨다고 한다. 지나는 길에 안수용(安守容)159)을 만나 보았다. 영

夫)에 올랐다.
156) 오여온(吳汝穩, 1561~1633) : 오운의 큰아들이다. 자는 융보(隆甫), 호는 낙애(洛厓)로 영주에 살았다. 임진왜란 때 의병을 일으켜 활약한 공으로 원종공신(原從功臣)에 책록되었다. 1613년 을과로 문과에 급제해 예문관검열(藝文館檢閱), 세자시강원보덕(世子侍講院輔德) 등을 역임했다.
157) 허도(許導) : 허언심(許彦深)의 아들이다. 임난 때 아버지를 따라 창의 토적해, 외숙 곽재우와 함께 화왕산성을 지켰다.
158) 허 첨지(許僉知) : 허언심(許彦深, 1542~?). 본관은 김해(金海), 호는 압호정(壓湖亭)으로 진주의 부호였으며, 허도의 아버지로 곽재우(郭再祐)의 자형이다. 임진왜란으로 곽재우가 의병을 일으켜 도움을 요청하자 처음엔 가담하지 않으려 했으나, 마침내 재물과 종들을 내놓고, 자신도 의병에 가담해 군량 조달의 책임을 맡았다. 전공으로 후일 동지중추부사(同知中樞府事)가 되었다.

락(零落)해 타향 사람의 집에 기탁한 지 반년이나 되어 아침에 저녁이 어찌 될지 알 수가 없었다. 이 때문에 가진 것이 거의 없어 서로의 정(情)을 펼 수가 없었다.

다음 날[9월 26일], 두 분의 숙부님을 봉산재(蓬山齋)에서 뵙고 말이 왜변(倭變)에 미치자 마음에 사무치고 뼈가 싸늘해졌다. 이날 밤 내금위(內禁衛) 숙부님이 오셨기에 함께 자면서 오랫동안 회포를 폈다.

다음 날[9월 27일], 대평(大坪)으로 가서 칠원 숙부님을 뵙고 인사를 드렸다. 이때 망군(望軍)160)이 와서 보고했다.

"우병사(右兵使) 오숭인(吳崇仁)161)이 창원(昌原)에서 패전해, 왜병이 이미 함경(咸京)162)을 넘어갔습니다."

숙부님께서는 봉산(蓬山)으로 가시고 나는 정암(鼎巖)으로 돌아왔다.

다음 날[9월 28일], 세 숙부께서 자연스럽게 만나 함께 오

---

159) 안수용(安守容, ?~?) : 미상.
160) 망군(望軍) : 높은 곳에서 적의 동정(動靜)을 살피던 군사(軍士).
161) 오숭인(吳崇仁, ?~?) : 미상.
162) 함경(咸京) : 장안(長安)의 별칭으로도 쓰여 수도를 뜻하지만, 본래는 진(秦)나라의 수도 함양(咸陽)을 말한다. 여기서는 경상남도 함양을 뜻한다.

셨는데 그 힘들고 어려움이 어떠하셨을까? 사흘 동안 머물다가 여러 숙부님과 헤어져 소매를 떨치며 돌아와서 장모님과 식구 14여 명을 데리고 천왕봉(天王峯)에 도착하니, 이미 현풍(玄風)의 군장(軍將)이 고개 아래 진을 치고 있었다. 말에서 내려 진영(陣營)의 막사로 들어가서 전령을 자세하게 알아보고 물러 나왔다. 입석(立石)에 이르니 종들이 와서 기다리고 있었다. 양친의 안부를 살피고, 내 마음이 조금 놓였다. 말을 재촉해 들어왔다. 아버님께서는 부중(府中)으로 들어가 부백(府伯)과 향원(鄕員)163) 몇 명과 나랏일을 도모한 지가 이미 10여 일이나 되었다고 한다.

다음 날[9월 29일], 빨리 말을 몰아 성으로 들어가 아버님을 뵙고 문후(問候)한 다음 모시고 여러 가지를 의논했는데, 많은 질의와 응답이 있었다.

---

163) 향원(鄕員) : 조선 시대 지방 자치 기구인 향소(鄕所)를 운영하던 사족(士族)들의 명부인 향안(鄕案)에 입록(入錄)된 사람. 또는 향소의 임원인 향임(鄕任)을 의미하기도 한다.

1592년 9월 28일, 아이가 갑자기 죽어 화현에 묻다

28일[164], 밤에 갑자기 아이를 잃게 되었다. 난리 중에도 목숨을 구제했는데, 어찌 이러한 참극(慘極)에 이르게 되었는가!

다음 날[9월 29일], 화현(火峴)[165]에서 영결을 하자니 불에 심장이 다 타는 듯했다. 가만히 아이의 얼굴을 생각하면 밝게 나타나는데, 잊으려 해도 어찌 잊히겠는가? 애통하고 애통하구나.

---

164) 28일 : 1592년 9월 28일로 조수도가 아이를 잃은 날이다. 이 때문에 그는 날짜를 분명하게 기억하고 있었을 것이다. 그런데 전 조의 9월 19일부터의 일기는 익일형인데, 이미 9월 29일까지 기록되어 있다. 여기에는 일정한 착오가 있는 듯하다.
165) 화현(火峴) : 불티. 경상북도 청송군 안덕면 복리에 있다.

시(詩)

순부와 함께 도산으로 가며(與順夫向陶山)

이월, 매화우(梅花雨) 내리는 날
그대와 함께 멋진 유람을 하게 되었네
기상은 영지산(靈芝山)166)처럼 우뚝하고
남긴 향기는 절우사(節友社)에 그윽하다네
송운(松韻)에 맞추어 심금(心琴)을 연주하나니
하늘빛이 거울 같은 맑은 물167)에 비쳐 흐르네
어찌 양식 조달에 대해 함께 읊으리
다시 백구(白鷗)가 나는 모래섬을 향하네

---

166) 영지산(靈芝山) : 이황은 〈도산잡영병기(陶山雜詠幷記)〉에서 "영지산(靈芝山) 한 줄기가 동쪽으로 나와 도산(陶山)이 되었다. 그런데 어떤 이는 '이 산이 두 번 이루어졌기 때문에 도산이라 이름했다'라고 하고, 또 어떤 이는, '옛날 이 산중에 질그릇을 굽던 곳이 있었으므로 그 사실을 따라 도산이라 한다'고 했다"라고 했다.
167) 하늘빛이 거울 같은 맑은 물 : 주희의 시 〈관서유감(觀書有感)〉에, "반 이랑 네모난 연못이 한 거울을 이루었으니, 하늘빛 구름 그림자가 함께 배회하네(半畝方塘一鑑開, 天光雲影共徘徊)"라 했는데, 이것은 사람의 마음을 비유한 것이다. 도산 서당 앞에 이황이 명명한 천광운영대(天光雲影臺)가 있어 이렇게 표현했다.

二月梅花雨　攜君辨勝遊
氣像靈芝屹　遺芬友社幽
松韻琴心奏　天光鑑影流
共唫奚橐籥　更向白鷗洲

청량산에서 제공과 함께 술잔을 나누며(淸凉山與諸公相酬韻)

구름 기운은 멀리 축융봉(祝融峯)에 이어져 있으니
천공은 마땅히 세속 선비의 유람을 꾸짖겠지
선생168)의 참된 정취를 어디에서 본받을까
산은 스스로 높고 물은 길이 흐르는 것을

雲氣遙連祝融峯　天公應呵俗士遊
先生眞趣何處倣　山自峨峨水長流

---

168) 선생 : 퇴계 이황을 말한다.

조수도를 추모하며

추모정상량문(追慕亭上梁文)

   영령(英靈)이 국에서 보이고 담장에서 보이니[169] 어렴풋이 계시는 듯한 느낌이 있고, 집의 장대함과 아름다움을 노래하자니 훌륭한 칭송이 절로 나오네.
   풍류와 운치가 어찌 사라지리오? 시내와 산이 기다리고 있는 듯하도다.
   공손히 생각건대,
   우리 신당(新堂) 부군(府君)께서는 진실하며 고귀한 인품을 지니셨고, 위대한 동량의 아름다운 재목이셨네.
   대대로 받은 충효(忠孝)의 적통은 어계(漁溪, 조여) 선조의 높은 절개를 이은 것이었고, 가정의 시례훈(詩禮訓)을 세업(世業)으로 지킴은 망운공(望雲公, 조지)[170]의 넉넉한 교

---

169) 영령(英靈)이… 보이니 : 국과 담장은 경모하고 추념함을 의미한다. 《후한서(後漢書)》〈이고전(李固傳)〉에 "옛날 요임금이 죽은 뒤에 순임금이 3년 동안 사모해, 앉았을 적에는 요임금이 담장[墻]에서 보이고 밥 먹을 때는 요임금이 국[羹]에서 보였다"라고 했다.
170) 망운공(望雲公) : 조수도(趙守道)의 아버지 조지(趙址)를 의미한다. '망운'은 그의 호다.

훈을 따른 것이었다네.

즐거움을 화락(和樂)에 두고 오상(五常)을 펼치면서 가는 세월을 보내셨고, 어지러운 세상을 만나자 한 고을에 격문을 띄워 춘추(春秋)의 맹약을 강론하셨네.

200년 동안 훌륭한 선비와 큰 학자를 배출한 집안이었고, 13인의 충신을 낸 혁혁한[171] 문벌이로다.

천연대(天然坮)[172]와 정우사(淨友社)[173]에서 선철(先哲, 이황을 말함)을 사모해 진리를 찾았으며, 공산회맹(公山會盟)과 화왕의진(火旺義陣)에 여러 아우를 보내 충지(忠志)를 맹세했다네.

오봉공(梧峰公, 신지제) 동리노(東籬老, 김윤안)와 도의

---

171) 혁혁한 : 원문에는 '선혁(蟬爀)'으로 되어 있다. 여기서의 '선(蟬)'은 매미 날개 모양의 장식으로 고관들이 쓰는 관의 장식이니, 곧 고관을 가리킨다.
172) 천연대(天然坮) : 도산 서원 앞에 있는 대다. 이황은 〈도산잡영병기〉에서, "우거진 소나무는 해를 가리며, 위는 하늘, 아래에는 물이어서 새는 날고 고기는 뛰며 물에 비친 좌우 취병산의 그림자가 흔들거려 강산의 훌륭한 경치를 한눈에 다 볼 수 있으니, 이름을 천연대(天淵坮)라 했다"라고 했다.
173) 정우사(淨友社) : 도산 서원의 정우당(靜友塘)과 절우사(節友社)를 말한다.

(道義)로 사귀며 마음을 함께했고, 해함서(海涵書)174)와 서산경(西山經)175)으로 엄한 스승의 가르침을 받들었다네.

옛날의 이른바 사(社)에서 제사를 지낸다는 것이었으니,176) 지금 어찌 추모할 곳이 없을 수 있겠는가?

오직 이곳은 달천(達川)177) 한 구역의 산수 경계이며 바위 절벽에 안개가 서린 골짜기로다.

선영(先塋)을 우러러보노라니 영령(英靈)의 오르내리심을 보는 듯하고, 평평한 곳에 있는 시골의 전장(田莊)에는

---

174) 해함서(海涵書) : 해함지부(海涵地負)를 줄인 말로, 바다가 온갖 물줄기를 다 받아들이고 대지가 만물을 그 위에 실어 준다는 뜻이다. 삼라만상을 포용해 무한한 것을 함축하고 있음을 가리킨다. 전해서 학문의 세계가 드넓어 끝이 없는 것을 형용하는 말로도 쓰인다.
175) 서산경(西山經) : 송나라 진서산(眞西山)이 지은 《심경(心經)》을 말한다.
176) 옛날의… 것이었으니 : 지방 출신 대부(大夫)로서 벼슬에서 물러나면 고향으로 내려와 서원을 세우고 학생을 가르치는 선생을 말한다. 후에 그런 사람이 죽으면 그 서원에서 위패(位牌)를 모시고 제사를 지낼 수 있게 되었다. 한유(韓愈)의 〈송양거원소윤서(送楊巨源少尹序)〉에 "옛날에 이른바 향선생으로 죽으면 사(社)에서 그를 제사 지낸다(古之所謂鄕先生沒而可祭於社)"라고 했다.
177) 달천(達川) : 경북 청송군 안덕면 인지리의 손달(遜達) 마을 앞을 흐르는 눌인천(訥仁川)이다. 추모정 앞을 흐른다.

여러 자손들의 마을이 서로 보인다.

하늘에 닿은 듯한 넓은 들판에는 학과 오리가 물가에서 놀고, 낙수(洛水)의 근원을 이룬 곳에는 곳곳마다 용이 서리고 거북이 엎드려 있네.

비록 당일의 편안히 생활하시던 곳은 아니라 하더라도 바로 이곳은 후손들이 보호하고 지켜 가야 할 곳이라네.

물은 대명굴(大明窟)[178]에서 발원해 명도(明都)의 소식을 물을 만하고, 산은 보현산(普賢山)으로부터 낙동정맥(洛東正脈)을 이루어 현인의 정채를 찾을 수 있도다.

삼령(三嶺)[179]의 구름과 세곡(細谷)[180]의 안개는 전서처럼 구불구불, 푸른 산기운은 펼쳐져 있고, 반 이랑의 맑은 연못 시내에 가득한 달빛, 푸른 못에 구슬처럼 잠겨 있다네.

화목한 친척들의 화수(花樹) 백년 마을이여! 연화(蓮花)가 10리로 펼쳐진 물가에 있도다. 어찌 저 나뭇가지에 부는

---

178) 대명굴(大明窟) : 병자호란 당시 피난길을 떠났다가 청송군 현동면 월매리 일대를 지나가던 두곡(杜谷) 고응척(高應陟)에 의해 발견되었다. 단서굴(丹書窟)이라도 한다.
179) 삼령(三嶺) : 충청도와 경상도를 잇는 죽령, 조령, 이화령을 가리키는 것으로 보인다.
180) 세곡(細谷) : 경북 청송군 현동면 인지리에 소재한다.

바람 소리를 듣고 느낌이 없으리?[181] 효도하는 까마귀는 타고난 본성이 그러하도다.[182]

못에 노니는 수달(水獺)이 보본(報本)할 줄 안다[183]는 것은 문헌에 있고, 황량하게 토규(兎葵)[184]가 흔들리는 도읍을 아픈 마음으로 보노라.

애석하도다! 세대가 점점 멀어져, 경상(庚桑)의 외루(畏壘)[185]처럼 걱정 없이 살아가는 것이.

---

181) 나뭇가지에… 없으리? : "나무는 조용히 있고자 하나 바람이 그치지 않고, 자식이 부모를 모시고자 하나 부모는 기다려 주지 않는다(樹欲靜而風不止, 子欲養而親不待)"는 말에서 용사한 것이다.
182) 효도하는… 그러하도다 : 반포지효(反哺之孝)를 말한다. 어미에게 되먹이는 까마귀의 효성이라는 뜻으로, 어버이의 은혜에 대한 자식의 지극한 효도를 이르는 말이다.
183) 수달(水獺)이 보본(報本)할 줄 안다 : 수달은 고기를 잡으면 잡은 고기를 늘어놓고 먼저 조상에게 제사를 지내는 것으로 이야기되어 왔다.
184) 토규(兎葵) : 들판의 풀과 보리로, 가슴 아픈 황량한 정경을 말할 때 쓰는 표현이다. 당나라 유우석(劉禹錫)의 〈재유현도관(再遊玄都觀)〉서(序)에 "지금 14년 만에 다시 현도를 거닐어 보니, 옛날 도사가 심었다는 선도(仙桃) 나무는 한 그루도 남아 있지 않고, 오직 토규와 연맥만 봄바람에 흔들리고 있을 따름이었다"라는 구절에서 비롯했다.
185) 경상(庚桑)의 외루(畏壘) : 노자(老子)의 제자였던 경상초(庚桑

길이 전쟁으로 쇠락한 고을[186]을 수습했다는 말을 듣기는 어렵겠지만 이에 한천(寒泉)의 제도[187]를 모방해, 길지(吉地)로 자좌오향(子坐午向 : 정남향)에 합당한 곳을 점쳐 잡았다고 할 만하니 제사를 모시는 데 기약을 할 수 있게 되었도다.

건해(建亥, 10월)[188]의 때를 맞아 자손들에게 경계하노니 폐하지 말고 잊지 말아서, 진씨(甄氏)가 사정(思亭)을 지어[189] 조종(祖宗)에게 영원히 보답하고자 한 것을 본받아야

楚)가 외루(畏壘) 지방에서 걱정 없이 잘 살아가는 것을 말한다. 《장자》〈경상초〉에 노담의 제자 가운데 경상초가 외루라는 산에서 살면서 그 하인들 중에 지혜로운 자는 쫓아 버리고, 그 첩들 중에 어진 자는 멀리했다. 순박하고 부지런히 힘써 일하는 하인들만 부리고 산 지 3년 만에 외루 지방에 큰 풍년이 들었다고 한다.

186) 길이 전쟁으로 쇠락한 고을 : 원문에 '저주지장(菹州之長)'이라 했는데, "한나라의 공신 한신·팽월이 마침내 주륙되고(韓彭竟菹醢)" 등으로 쓰여 전쟁으로 쇠락한 고을을 의미한다.

187) 한천(寒泉)의 제도 : 주희는 40세 무렵에 모친인 축 부인(祝夫人)의 상을 당해 묘소에서 가까운 한천정사(寒泉精舍)에 머물면서 《가례》를 편찬했다.

188) 건해(建亥) : 북두성 자루가 해(亥) 방향을 가리키는 것으로 10월을 의미한다.

189) 진씨(甄氏)가 사정(思亭)을 지어 : 송나라 때 진씨(甄氏)는 집이

할 것이다.

　육아지은(蓼莪之恩)190) 위해 지은 공경이 집에서 시축(尸祝)191)을 받드나니,

　고개는 옥현(玉峴)192)이요 숲은 덕림(德林)193)인데 지팡이 짚고 신을 끌며 다니시던 자취 오히려 남아 있고, 대는 금대(金臺)194)요 정은 호정(壺亭)195)인데 산수의 여운과 함께

가난해 부모 형제가 죽어도 장례를 치르지 못하는 형편이었다. 이에 마을 사람들의 도움을 받아 간신히 여러 영구(靈柩)를 마련해 함께 장사 지내고 무덤가에 집을 지었다. 당시 문장가인 진사도(陳師道)가 그 내력을 밝히고 조상을 사모해야 한다는 뜻으로 〈사정기(思亭記)〉를 지어 주었다. 《고문진보후집(古文眞寶後集)》권10 참조.
190) 육아지은(蓼莪之恩) : 《시경》〈소아(小雅)〉〈육아(蓼莪)〉에 "아버지 아니시면 누구를 의지하며, 어머니 아니시면 누구를 믿을까(無父何怙, 無母何恃)"라는 말이 나온다.
191) 시축(尸祝) : 제사에서 축문(祝文)의 낭독을 담당한 관원으로 여기서는 제사를 의미한다.
192) 옥현(玉峴) : 화현[불티]을 말한다.
193) 덕림(德林) : 추모정이 청송군의 안덕(安德)에 있기 때문에 '덕림'이라 했다.
194) 금대(金臺) : 금대정사를 말한다. 경상북도 청송군 안덕면 신성리에 있는 조선 시대의 재실(齋室)로 함안 조씨 16대손인 조지의 후손 조수도(趙守道)와 아들 함수(咸邃), 조동도(趙東道)와 아들 함신(咸新) 등 4부자(四父子)를 모셨다. 조선 영조 12년(1736)에 건립했으며, 경

유장(悠長)하구나.

어찌 다만 계절에 따라 달라지는 경치의 풍부함뿐이리오? 실로 조상들과 흥감(興感)하는 정성에 연유하는 것이라네.

송당(松堂) 삼현(三賢)의 남은 향기를 가까이해 넉넉히 마음에 지니고 있으며, 노을 낀 봉우리를 바라보노라니 오선(五仙)의 높은 자취를 거의 잡고 오를 수 있겠도다.

매월 초하루마다 뜻을 같이하는 사람들이 조종(祖宗)을 위한 회합에서 기쁘게 강론하고, 대장괘(大壯卦)의 법도로 점을 쳐 지은 집으로 풍우를 대비하게 되었다.196)

상북도 유형 문화재 제277호다.
195) 호정(壺亭) : 방호정을 말한다. 창석(蒼石) 이준(李埈), 동계(東溪) 조형도(趙亨道), 풍애(風崖) 권익(權翊), 방호(方壺) 조준도(趙遵道), 하음(河陰) 신집(申楫) 등이 학문을 강론하고 산수를 즐기던 곳이다. 조선 광해군(光海君) 11년(1619) 방호 조준도가 생모 권씨의 묘가 바라보이는 이곳에 정자를 세우고 어머니를 생각하는 뜻에서 사친(思親) 또는 풍수당(風樹堂)이라 했으며 순조 27년(1827) 방대강당을 새로 고쳐 지었다. 정자 안에는《방호문집》의 목판이 보관되어 있으며 많은 제현들의 제영 현판(題詠懸板)이 걸려 있다. 경상북도 민속 문화재 제51호.
196) 풍우를 대비하게 되었다 :《주역》〈계사전〉 하에서, "오랜 옛날에는 굴에서 살면서 들에 머물렀으나, 후대의 성인(聖人)이 궁실로 바꾸

즐거이 저 큰 톱을 번거롭게 하지 않고도 공(功)이 이루어져서, 우뚝하게 공사를 마쳐 쉬기도 하고 노닐기도 하게 되었네.

삼가 짧은 노래를 부르며, 이로써 위대한 상량의 일을 돕는다.

들보를 동쪽으로 드세나,
자초산(紫草山)[197] 산빛이 하늘 반쯤 높이 솟아 있네.
그 가운데 신선이 있었으니 수련(修鍊)한 지 오래,
마침내 영단(靈丹)을 연마해 신성에 증험(證驗)한 공을 이루었네.

들보를 서쪽으로 드세나,
바라보이나니 망운정(望雲亭), 지척에 있는 집이로다.
보호하고 덮어 주던 당년부터 조상님 음덕이 두터웠나니,

니 위로는 용마루 집 아래로는 지붕 집으로 비바람을 막으니 대개 대장괘(大壯卦)에서 얻었다"라고 했다.
197) 자초산(紫草山) : 경상북도 청송군과 포항시 죽장면(竹長面) 사이에 있는 산. 높이는 763미터다.

짙푸른 꽃과 나무198)가 시냇가에 무성하네.

들보를 남쪽으로 드세나,
황량한 덕사(德祠, 덕봉사)가 가을 기운을 머금고 있네.
한번 끊어진 무지개다리는 안개비에 잠겼으니,199)
누가 있어 장차 소식을 갖고 와서 말하리오!

들보를 북쪽으로 드세나,
우뚝한 노래산(老萊山)200)은 북두성을 떠받치고 있

---

198) 짙푸른 꽃과 나무 : 같은 성을 가진 사람들이 친목을 위해 이룬 모임이 '화수회'인데, 함안 조씨들이 마을을 이루고 번성하게 어울려 사는 것을 의미한다.
199) 한번… 잠겼으니 : 고인(故人)과의 거리가 막막함을 뜻한다. 주희의 〈무이도가(武夷櫂歌)〉에 "홍교가 한번 끊어진 뒤로 소식이 없는데 만학천봉 바위에는 푸른 안개만 자욱해라(虹橋一斷無消息, 萬壑千巖鎖翠煙)"라고 했다. 진시황 때 위자건(魏子騫)이란 사람이 십삼선지(十三仙地)의 주인이 되어 무이산 위에 승진관(昇眞觀)을 짓고 무지개 모양의 다리, 즉 홍교를 연결해 오르내리며 연회를 열었다는 고사가 있다. 이 고사에서는 '위자건이 신선이 되어 승천한 뒤로 홍교가 끊어지고 소식을 알 수 없게 되었다'고 했다. 《주차집보(朱箚輯補)》 권9 참조.
200) 노래산(老萊山) : 청송군 안덕면 노래 2리에 있는 산으로 해발 743

네.

그리운 임 생각하나 보이지 않고 강물만 모래섬으로 흐르는데,

어느 곳에 뭉게구름이 있어 오색(五色)을 피울까?

들보를 위로 던지세,

비 갠 후 달빛은 푸르고 하늘은 맑고 환하다네.

주염계(周濂溪)의 〈태극도설〉201)을 다 읽고 나니,

사람이 쇄락(灑落)하고 상쾌한 기운을 갖게 되네.

들보를 아래로 던지세,

한 줄기 강물은 밤낮으로 흐른다네.

예로부터 모든 행동은 효도에서 근원한다 했으니,

머물고 고여, 바야흐로 근본이 있다는 것을 알겠네.

미터. "산의 형세가 네 신선(神仙)이 걸어가는 발 모양같이 생겨 늙은 신선들이 오는 곳"이라 해서 노래산이란 이름이 붙었다고 한다.

201) 〈태극도설〉: 송대의 학자 주돈이(周敦頤)가 저술한 것으로, 태극도(太極圖)의 원리와 내용을 밝혀 놓았다. 228자에 지나지 않지만, 송학(宋學)의 연원으로 일컬어질 정도의 깊은 내용을 담고 있으며, 주희(朱熹)가 《근사록(近思錄)》을 편찬할 때 태극도와 함께 책의 첫머리에 실었다.

엎드려 바라노라.

상량한 후에는 자손들이 번창하고,

문물(文物)은 풍성할 것이로다.

신의를 강론하고 화목을 닦아, 즐거이 천륜의 순수한 정을 펴고,

제사에 정성을 다해202) 항상 조상님의 크나큰 인덕(仁德)을 생각할지어다.

지금부터 서로 권면하고 계승해,

장차 후세로 하여금 영원히 보존할 것을 도모해야 할 것이니라.

              종9대손 성락(性洛)203) 삼가 지음

---

202) 제사에 정성을 다해 : 원문에는 '추원신종(追遠愼終)'이라 했다. 이것은 상사(喪事)에 예(禮)를 다하고 제사에 정성을 다하는 것을 의미한다.

203) 성락(性洛) : 조성락(趙性洛). 함안 조씨로 자는 중오(仲五), 호는 만포(晚圃)다. 《만포문집(晚圃文集)》이 전한다.

추모정기(追慕亭記)

　내가 젊었을 때 산수를 좋아해 벗들과 함께 산천이 빼어난 명승지를 찾아 두루 유람했다. 승지(勝地)는 모두 선철(先哲)이 숨어 수양하던 곳이었는데, 오직 푸른 오리와 흰 학 또한 남주(南州, 영남)에서 이야기하던 바였다.

　퇴도(退陶) 노선생(老先生, 이황)이 시에서 크게 칭송하셨으니, 내가 다행히도 마침 이 고을의 현재(縣宰)가 되어 한가한 틈을 타서 대둔산(大遯山), 노래산(老萊山), 자하산(紫霞山) 등 여러 산들을 유람했다.

　다시 감돌아 현(縣)의 동쪽으로 향해 기운이 충만하고 구불구불 서리어 응결해 천수봉(天壽峯)이 되었으니 장대하도다, 이 산이여! 그 형세가 솥발을 세운 듯한데, 우뚝 솟아 동쪽으로 비스듬히 잇닿은 것은 자초산(紫草山)이요, 서쪽으로 우뚝한 것은 역마산(驛馬山)이며, 남쪽으로 감도는 것은 보현산(普賢山)이다. 이것은 다만 빼어난 경치일 뿐만 아니라, 승경을 도모한다는 생각도 하지 않았는데 특별히 걸출한 기이함이 있는 것이다. 그 사이에서 진실하고 믿음직하며 재주 많고 덕망 있는 선비들이 태어났다.

　어느 날 벗 조성길(趙性吉)이 탄식하면서 쓸쓸히 말했다.

"우리 선조 상서(尙書) 망운공(望雲公, 조지)의 아드님이신 신당공(新堂公, 조수도)께서는 일찍이 지조와 행실이 있어 유일재(惟一齋) 김 선생(金先生, 김언기)의 고제(高弟)가 되었는데, 학문을 함에[204] 훌륭한 명망(名望)이 날로 퍼져 나갔습니다. 임진왜란을 맞아 두 아우로 하여금 창의(倡義)해 군진(軍陣)에 나아가게 하면서, '연로하신 어버이께서 집에 계시니 나는 함께 갈 수가 없다. 너희들은 모름지기 국사(國事)에 힘을 다해 우리 집의 충효 명성을 더럽히지 말라'라고 하면서, 밤낮으로 서쪽을 바라보면서 설욕(雪辱)의 눈물을 흘리셨습니다. 양친을 등에 업고 달아나 숨었으니, 충효를 온전히 한 성심은 신명(神明)에 바탕을 둔 것이며 일월과 빛을 다툰 것이라 하겠습니다. 그러나 불행히도 일찍 세상을 떠나 친척과 사우들이 한숨을 쉬고 탄식을 했던 것이 지금으로부터 300년이나 오래되었지만 끝내 잊지 못하고 있으니, 그 빛나는 명예와 두터운 명망을 미루어 알 수 있습니다. 또 금대정사(金臺精舍)와 방호정(方壺亭)이 3~5리쯤에서 서로 바라보면서 연성(連城)의 구슬[205]처럼 찬연히

---

204) 학문을 함에 : 원문은 도문학(道問學).
205) 연성(連城)의 구슬 : 전국 시대 진(秦)나라 소왕(昭王)이 조(趙)나라 혜문왕(惠文王)에게 15개의 성과 바꾸자고 청한 화씨벽(和氏璧)으

장식하고 있으니, 꽃 하나, 돌 하나, 풀 한 포기, 나무 한 그루가 환한 빛으로 정채(精彩)를 발하고 있습니다. 세상의 현인(賢人) 군자(君子)들이 지나가는 곳이요, 지팡이 짚고 신을 끌면서 배회할 만한 곳입니다. 유풍여운(遺風餘韻)이 아득하며, 산은 높고 물도 길게 흐르고 있습니다. 이곳에 후손들이 비로소 제사를 받들며 추모의 정을 펼치기 위해 미약하나마 각자 힘을 다해 선대의 유업을 계승해 정자를 짓고 편액을 '추모(追慕)'라 했습니다."

선조를 사모하는 효심은 사람으로 하여금 흥감(興感)케 하고, 명망 있는 선조의 훌륭한 후손이 선대의 일을 잘 이어받으면서도 그동안 쓸쓸했던 것은 조우(趙友, 조성길)가 아버지의 유업을 이루기 위함이었다.206) 이미 낙성이 되어 한

로, 나라의 진귀한 보배를 뜻한다. 조나라 인상여(藺相如)가 이 구슬을 가지고 진나라에 갔다가 성을 주겠다는 진나라의 약속이 미덥지 못하자, 다시 화씨벽을 온전히 보전해서 조나라로 돌아왔던 '완벽귀조(完璧歸趙)'의 고사가 전한다. 《사기》 권81 〈인상여열전(藺相如列傳)〉 참조.

206) 아버지의 유업을 이루기 위함이었다 : 원문에 '간고(幹蠱)'라 했다. 이는 '간부지고(幹父之蠱)'의 준말로, 아들이 아버지의 뜻을 계승해 발전시키는 것을 말한다. 《주역》 〈고괘(蠱卦)〉 초육(初六)에 "초육은 아버지의 일을 주관함이니, 훌륭한 자식이 있으면 돌아가신 아버지

말씀으로 기록해 주기를 청하니, 내가 이렇게 늙어 정신의 혼몽함을 돌아보건대 어찌 감히 이 부탁을 감당할 수 있으랴? 그러나 만약 이를 따르지 않으면 평일 경모(景慕)하던 정성을 거칠게나마 펴지 못하게 되고 만다. 이에 '너의 조상을 생각하지 않느냐, 그 덕을 닦을지어다(無念爾祖 聿修厥德)'207)라는 《시경》의 말로써 여러 군자들을 위해 외우노라.

통정대부 전지주(通政大夫前知州) 신관조(申觀朝)208) 씀

가 허물이 없게 되리라(初六 幹父之蠱 有子 考无咎)"라고 했다.
207) 너의… 닦을지어다 : 《시경》〈문왕(文王)〉의 "너의 조상을 생각하지 않느냐, 그 덕을 닦을지어다. 길이 천명에 짝하는 것이, 스스로 많은 복을 구하는 길이니라(無念爾祖, 聿修厥德. 永言配命, 自求多福)"라는 말에서 나온 것이다
208) 신관조(申觀朝, 1827~?) : 본관은 평산, 자는 용빈(用賓), 호는 열능(冽陵). 1865년(고종 2) 식년시(式年試)에서 진사(進士)로 급제했다. 청송부사(青松府使)로 재임할 때 청렴한 관직자의 자세를 지니고 있었으며, 문학과 덕망으로 고을 사람들로부터 칭송을 받았다.

묘갈명(墓碣銘)

공의 휘(諱)는 수도(守道), 자는 경직(景直), 호는 신당(新堂), 성은 조씨(趙氏), 관향은 함안(咸安)으로 고려대장군(高麗大將軍) 휘 정(鼎)이 그 상대(上代)의 조상이다. 세대를 이어 공상(公相)[209]을 해서, 일이 역사서에 실려 있다. 공조전서(工曹典書) 휘 열(悅)은 고려조의 국운이 끝남에 자정(自靖)하는 절개가 있었다.

본조(本朝)에 들어와 휘 여(旅)가 계시는데 단종조(端宗朝)의 생육신 가운데 한 분이시다. 여러 차례 증직되어 이조판서(吏曹判書)가 되셨고 시호는 문절(文節)이니 세칭 어계선생(漁溪先生)이다. 공에게는 5대조가 된다. 고조 휘 동호(銅虎)는 관이 군수였으며 청백리(淸白吏)로 칭송되었고, 증조 휘 연(淵)은 의금부경력(義禁府經歷) 증 참의(贈參議)이며, 조의 휘는 정언(庭彦)으로 부직(副直)을 지냈으며 증 참판(贈參判)이고, 고(考)의 휘는 지(址)로 증 자헌대부 형

---

209) 공상(公相) : 삼공(三公)과 재상(宰相)을 아울러 이르는 말로 최고의 벼슬을 뜻한다.

조판서(贈資憲大夫刑曹判書)이며 호는 망운(望雲)이다. 비(妣)는 증 정부인(贈貞夫人) 안동 권씨(安東權氏)로 습독(習讀) 회(恢)의 따님이다.

공은 어릴 때부터 지혜와 재능으로 일찍이 드러났으며 자라면서 문장이 아름답고 풍부해 문단에 이름이 있었다. 약관(弱冠, 20세)에 과거에 나아가 간이(簡易) 최 공(崔公, 최입)이 주시관(主試官)으로 장차 으뜸으로 발탁하고자 했으나 남에게 시권(試券)을 절취당해 일을 이루지 못했다. 이로부터 드디어 과거로 영달하는 길에 뜻을 두지 않고 마음을 오로지한 것은 모두 가까이 있는 일에 충실히 하는 것이었다. 집지례(執贄禮)210)로써 유일재(惟一齋) 김 선생(金先生, 김언기)을 뵙고 학문의 커다란 방법을 들었으며, 충신(忠信)을 그의 띠에 써서 경계하고 두려워했으니, 곧 《논어》의 참형(參衡)211)이다.

---

210) 집지례(執贄禮) : 제자가 스승을 처음 뵐 때 폐백(幣帛)을 가지고 가서 경의를 표하는 예를 말한다.
211) 참형(參衡) : 충성스럽고 믿음직한 말과 도타운 행동을 강조한 것이다. 자장이 행(行)에 대해 물으니, 공자께서, "말이 충성스럽고 믿음직하며, 행동이 도탑고 공경하면 비록 오랑캐의 나라라고 하더라도 도가 행해질 수 있거니와, 말이 충성스럽지도 미덥지도 않으며 행동이 도

다섯 형제가 학문에 매진해 스승의 가르침을 더욱 천명(闡明)했는데, 경사자집(經史子集) 가운데 널리 연구하지 않은 것이 없었다.

성품은 베풀기를 좋아해 가난한 집안과 궁한 친구를 대할 때는 맥주(麥舟)의 의리212)와 의장(義莊)의 규범213)이

탑지도 공손하지도 않으면 비록 작은 지역이라 하더라도 도가 행해지겠는가? 서 있으면 그것이 앞에 늘어서서 참예[參]함을 볼 수 있고, 수레에 있으면 그것이 멍에[衡]에 기대어 있음을 볼 수 있으니 대저 그런 연후에야 행해질 수 있느니라"라고 했다. 자장이 이 말을 허리띠에 썼다. 《논어》〈위 영공(衛靈公)〉 참조.

212) 맥주(麥舟)의 의리 : 맥주는 보리를 실은 배인데, 상사(喪事)를 돕는 일, 즉 부의(賻儀)를 뜻한다. 송(宋)나라 범중엄(范仲淹)이 아들 요부(堯夫)를 시켜 고소(姑蘇)에서 보리 500석을 운반해 오게 했다. 요부가 배에 보리를 싣고 단양(丹陽)에 이르렀을 적에, 범중엄의 친구 석만경(石曼卿)을 보았는데, 석만경은 돈이 없어 부모의 장례를 치르지 못하고 있어 그 보리를 모두 주고 빈 배로 돌아온 일이 있었다. 그래서 이 말이 전해서 부의를 뜻하게 되었다.

213) 의장(義莊)의 규범 : 범중엄은 높은 벼슬을 하게 되자, 족인 중에 가난한 사람들을 부양하기 위해 고향인 강소성(江蘇省) 소주(蘇州) 고소(姑蘇) 부근 외곽에 전답 수천 묘(畝)를 사서 의장(義莊)으로 만들고, 족인 중에 나이와 덕망이 많은 이를 한 사람 뽑아 그 출납을 맡겨서 관혼상제에 모두 넉넉하게 지급하도록 했다. 《송사(宋史)》 권314, 〈범중엄열전(范仲淹列傳)〉 참조.

있었다.

임진년 섬오랑캐의 난리가 일어나자 두 아우 형도(亨道)와 동도(東道)를 곽(郭) 홍의장군(紅衣將軍, 곽재우)의 진중(陣中)에 보내면서,

"연로하신 양친이 집에 계시니 나는 같이 갈 수가 없다. 너는 모름지기 나라를 위해 목숨을 걸고 싸워 우리 집의 충효(忠孝) 명성을 저버리지 마라."

라고 하고는, 마침내 노친(老親)을 모시고 협곡으로 들어가 위험을 대비하고, 봉양을 모자람 없이 해 마침내 온전하게 되었으니, 사람들은 효성에 감동해서 하늘이 도운 것이라 했다.

오봉(梧峯) 신지제(申之悌)는 공의 자형(姊兄)으로 의리의 계합(契合)이 더욱 친밀했다. 마침 신 공이 선성(宣城, 예안)에 있을 때 임소(任所)를 찾아가 여러 날 동안 의난처(疑難處)에 대해 토론했다. 이로 인해 도산원사(陶山院祠)를 배알하고, 퇴계 문하의 여러 사람들과 함께 천연대(天然臺)와 석간대(石磵臺) 사이를 뒤따라 좇으면서, 사모하고 흥기하는 뜻이 주고받은 시문에서 많이 드러났다. 당시는 바야흐로 꽃다운 나이였기 때문에 도를 향하고 성현을 경모하는 뜻이 스스로 원대해지기를 기약했다. 몇 해만 더 빌려주었더라도 한량없이 나아가기를 기대할 수 있었는데 갑자기 만

력(萬曆) 계사년(癸巳年, 1593, 선조 26)에 세상을 떠나니, 태어난 가정(嘉靖) 을축년(乙丑年, 1565, 명종 20)과의 거리가 겨우 29년이다. 그 하늘에서 품부한 것은 풍부하나 그 수명은 인색했으니 이것은 무엇 때문인가?

본 군의 안덕현(安德縣) 화현(火峴, 불티) 신좌원(辰坐原)에 장사 지냈다. 뒤에 증손 협(峽)이 우노전(優老典)214)을 받아 증 통훈대부 사복시정(贈通訓大夫司僕寺正)이 되었다. 배위 숙인(淑人) 밀양 박씨(密陽朴氏)는 유문(有文)의 따님으로, 자식을 두지 못하고 공의 뒤에 돌아가시었는데, 공의 묘 왼쪽에 합장(合葬)했다.

막냇동생 부정(副正) 동도(東道)의 아들 함수(咸邃)로 뒤를 이었으니, 한성참군 증 통정대부 좌승지 겸 경연참찬(漢城參軍贈通政大夫左承旨兼經筵參贊)이다. 손자로는 시림(時琳), 시민(時玟), 수직215) 중추부사(壽職中樞府事) 시형(時珩), 시번(時璠), 수직 호조참판(壽職戶曹參判) 시구(時玖)가 있으며, 딸은 윤응삼(尹應三)에게 시집갔는데 파

---

214) 우노전(優老典) : 나이 많은 사람에게 특별히 내리는 벼슬을 말한다.
215) 수직(壽職) : 해마다 정월에 80세 이상의 관원 및 90세 이상의 백성에게 은전으로 주던 벼슬이다.

평(坡平) 사람이다. 증손은 헌(巚), 진(巓), 인(嶙), 위(巍), 요(嶢), 빈(䃁), 협(峽), 의(嶬), 찬(巑), 정(崼), 완(岏), 윤(岎), 수직 중추(壽職中樞) 내(崍)다. 그 이하는 다 기록하지 못한다.

지금 와서 묘갈명(銘)을 요청한 사람은 그 후손 용벽(鏞璧)이고, 그 일을 시작하고 그 힘을 다한 사람은 정식(定植)이다.

공은 불우하고 오래 살지도 못해 대업을 넉넉히 펴지 못했지만, 시대 또한 300년이나 지나고 말았다. 남긴 글은 흩어져서 다만 일기 한 책이 있으나 또한 많이 떨어져 나갔기 때문에 아름다운 덕과 곡진한 행실을 상세하게 들을 수가 없다. 그러나 공이 평소에 날마다 암송했던 말이 있었으니,

"천하가 비록 광대하지만 내 마음의 본체에 갖추어지지 않음이 없고, 사물이 비록 많지만 내 마음의 작용이 주관하지 않음이 없으니, 이것은 대개 평일 공부해야 할 것이다."

라고 했다. 이에 명(銘)을 하니 이렇다.

가문은 어계(漁溪) 선조에게서 전해지고
학문은 유일재(惟一齋) 선생에게서 전승했네
하늘로부터 품부한 자질에
성실한 공부로 힘을 다했다네

아! 수명이 멀리까지 가지 못해
품은 대업(大業)을 마치지 못했네
오히려 전하는 것이 많아
돌에 새겨 영원히 보이노라

家傳漁老　學承惟翁
有是大姿　勉以實工
嗟不遐壽　志業未終
猶多可傳　刻眎無窮

　　　　　　완산(完山) 유필영(柳必永)216) 삼가 지음

　공손히 생각건대, 신당부군(新堂府君)께서 돌아가신 지 지금으로부터 300여 년이나 되었다. 인사가 옮겨지고 바뀌

---

216) 유필영(柳必永, 1841~1924) : 본관은 전주(全州), 자는 경달(景達), 호는 서파(西坡). 안동에서 세거했다. 아버지는 유정진(柳定鎭)이며, 어머니는 예천 권씨(醴泉權氏)로 권교상(權敎相)의 딸이다. 유치명(柳致明)의 문인이고, 권연하(權璉夏)·이만각(李晩慤)·김흥락(金興洛)·김도화(金道和) 등과 교유했다. 경술국치 이후에는 호정(戶庭)의 출입도 삼갔다. 또한 기미년 만세 사건에 연루되어 성주까지 연행되기도 했다.

었으나 오랫동안 묘도(墓道)가 꾸며지지 않았는데, 지난 정사년(丁巳年, 1917)에 후손 정식(定植)과 용벽(鏞璧)이 종족들과 힘을 합해 선조의 이력을 비로소 빗돌에 새겨 드러내게 되었다.

세월이 오래지 않았는데도, 돌의 표면이 벗겨지고 새긴 흔적이 희미해져서 여러 후손들이 근심해 서로 돌을 구해 다시 세우게 되었다. 명문(銘文)은 지난번의 것을 그대로 쓰기로 하고 옛 비갈(碑碣)은 무덤 남쪽에 묻었다. 때는 계미년(癸未年, 2003) 10월 일이다.

계미(癸未, 2003) 10월 일 주손(胄孫) 남제(南濟)가 다시 세우다.

유적비문(遺績碑文)

이 정자(亭子)는 고 증 형조판서(贈刑曹判書) 망운(望雲) 조 공(趙公, 조지)의 유허(遺墟)다. 세대가 오래되어 무너지고 퇴락해서 중수(重修)해 새롭게 세우고 뜰에 비를 건립해서 유허임을 표시했다. 또 맏아들 증 사복시정(贈司僕寺正) 공의 자취를 기록해 아울러 사모하는 마음을 부치며 말한다.

"부군이 30년 동안 슬하의 좌우에 나아가 시봉(侍奉)한 것은, 생각건대 고훈(古訓)에 부합하고, 조심하고 삼가 옛 현인들에게서 자식의 직분을 구하더라도 공보다 나을 자가 많지는 않을 것이다. 완연(宛然)한 뜰은 유적이 아님이 없으니 오늘의 이 거사(擧事, 비를 세우는 것을 말함)는 거의 유명의 효를 밝히는 것이라 하겠다."

돌이 이미 갖추어짐에 공의 후손 국제(國濟)가 그의 족제 석제(錫濟)와 함께 행장(狀)과 갈명(碣銘)을 들고 멀리 와서 환국(煥國, 글쓴이를 말함)에게 보이면서 글 써 주기를 청했다. 내가 지극히 쇠미해 감당하지 못한다는 것을 알지만, 선대의 의리를 생각해 마침내 사양하지 못했다.

삼가 살피건대, 함안 조씨(咸安趙氏)가 청부(靑鳧, 청송의 옛 이름)에 터를 잡고 산 것은 망운공(望雲公)으로부터 시작되었는데, 공은 바로 어계(漁溪, 조여) 선생의 현손이다. 충효(忠孝)와 청백(淸白)에 대한 기록은 역사서에 실려 빛난다. 공은 위로는 선대를 이어받고 아래로는 자손들에게 열어 주어 근원을 깊이 하고 수립을 두텁게 했다. 하늘이 훌륭한 자손을 내려 주시니 집안에는 다섯 아들을 두게 되었다. 휘(諱) 수도(守道) 자 경직(景直) 호 신당(新堂)은 그 맏아들이다.

어릴 때부터 어질고 효성스러웠으며 영민했다. 물결이 흐르고 흘러 고이듯 하고, 차근차근 축적해 학문은 빠른 진보로 해득(解得)해서 능소화가 빨리 피듯 했다.

일찍이 어버이를 위해 과거에 나아갔는데, 당시 주사(主司)[217]는 간이 최 공(簡易崔公, 최입)이었다. 장차 장원으로 발탁될 만했으나 시권(試券)을 다른 사람에게 빼앗겨 뜻을 이루지 못했다. 사람들은 모두 애석하게 여겼으나 공은 조금도 개의치 않았으니 대개 스스로를 기대해 의심하지 않았던 것이다.

아우 준도(遵道)와 함께 유일재(惟一齋) 김 선생(金先生,

---

217) 주사(主司) : 고시(考試)를 주관하는 사람, 즉 시관을 말한다.

김언기)의 문하에 나아가서 스승으로 모시고 위학(爲學)의 지결(旨訣)을 많이 들었으며, 나란히 스승의 교훈을 가슴에 품고 부지런히 힘썼다. 스승이 돌아가심에 심상(心喪)만 할 뿐 복을 입지 못함에 대해 한탄했다. 대개 아버지와 스승을 섬기는 의리가 함께 무겁기 때문이었다.

선을 좋아하고 베푸는 것을 좋아해 어버이의 뜻을 받들어[218] 맥주(麥舟)와 의장(義莊)의 풍도[219]가 있었다. 오봉 신 공(梧峯申公, 신지제)은 소동파(蘇東坡)와 황정견(黃庭堅)[220]처럼 정의(情誼)로 인연을 맺었다. 임진년(1592)에 선성(宣城, 예안)에 현감으로 부임하게 되었을 때, 공은 바

---

218) 어버이의 뜻을 받들어 : 원문에는 '관지지일(觀志之日)'이라 했다. 《논어》에는 "아버지께서 계실 때는 그 뜻을 본다(父在觀其志)"라고 했다. 어버이가 살아 계실 때 그 뜻을 받드는 것을 의미한다. 《논어(論語)》〈학이(學而)〉참조.

219) 맥주(麥舟)와 의장(義莊)의 풍도 : 상사를 넉넉히 하고 가난한 사람들을 부양하는 일을 말한다. 주 212, 213 참조.

220) 소동파(蘇東坡)와 황정견(黃庭堅) : 원문에는 '소황(蘇黃)'이라 되어 있는데, 북송(北宋) 시대 문학가인 소식(蘇軾)과 황정견(黃庭堅)의 병칭(竝稱)이다. 《송사(宋史)》권444 〈문원열전(文苑列傳)〉에 따르면 "황정견은 문장을 함에 시에 더욱 능했으므로, 촉 지방과 강서 지방의 군자들이 황정견을 소식에 비유했기 때문에 소황이라 칭한 것이다"라고 했다.

로 가서 정회를 펴면서 학문을 강토(講吐)해 발명한 바가 많았다. 그로 인해 도산 서원으로 나아가 알묘를 하고, 급문(及門)한 여러 사람들과 함께 청량산의 구름 낀 대(臺)와 짙푸른 숲속을 유람하면서, 은사가 거닐던 곳[221]을 끝까지 거슬러 오르고, 늦도록 궤장(几杖)을 잡고 깊은 정취를 탄식해 마지않았으니, 그 현인을 경모하고 진리를 향해 나아가는 정성이 이와 같았다.

일찍이 말씀하시기를, "천지가 아무리 크고 사물이 아무리 많더라도 내 마음의 체용(體用)에 갖추어져 있다. 학문을 함에 이를 알지 못하면 공부를 해 나감에 어려움이 있을 것이다"라고 했다.

임진난이 일어났을 때, 양친을 업고 협곡으로 피난하면서, 두 아우 형도(亨道)와 동도(東道)를 망우당(忘憂堂) 곽

---

221) 은사가 거닐던 곳 : 원문에는 '매축장구지소(邁軸杖屨之所)'라 했다. '매축(邁軸)'은 '과축(薖軸)'의 오기다. 과축은 《시경》〈위풍(衛風)〉〈고반(考槃)〉의 "숨어 살 집이 언덕에 있으니, 큰 선비의 마음이 넉넉하도다(考槃在阿, 碩人之薖)"라는 말과 "숨어 살 집이 고원에 있으니, 큰 선비가 소요하는 곳이로다(考槃在陸, 碩人之軸)"라는 말을 압축한 것으로, 산림에 은거하며 안빈낙도(安貧樂道)하는 은사(隱士)의 생활을 비유한 것이다. 따라서 '매축장구지소(邁軸杖屨之所)'는 은사가 거닐던 곳으로 청량산에 은거하면서 소유하던 사람들을 말한다.

공(郭公, 곽재우)의 의병진으로 보내면서, "임금의 수레가 파천(播遷)해 초야에 계시는데 어찌 차마 앉아서 보기만 하겠느냐? 전쟁에 나아가 용맹하게 싸우는 것 또한 효도이니 가서 힘쓰도록 해라. 충효(忠孝)로 이름난 우리 집안의 명성을 더럽히지 말도록 해라"라고 했다. 마침내 충효 둘을 모두 온전히 했으니, 대개 집안과 나라에 대한 깊은 정성이 신명을 감동시킨 것이었다.

가정(嘉靖) 을축년(乙丑年, 1565)에 나서 만력(萬曆) 계사년(癸巳年, 1593)에 돌아가시니 향년이 29세였다. 목숨과 뜻을 모두 펴지 못하고 해를 재촉해 떠나시니, 누가 하늘에 물어볼 수 있을까?

옛날 창려 씨(昌黎氏, 한유)가 원빈(元賓)[222]의 묘에 명(銘)을 해서, "빨리 죽는 것과 오래 사는 것이 나쁜 것이 아니라 재주가 당시 사람들보다 높고 행실이 고인(古人)보다 뛰어나 사라지지 않고 길이 보존됨을 사모한다"라고 했다. 공

---

[222] 원빈(元賓) : 당(唐)나라 이화(李華)의 종자(從子)로서 한유(韓愈)의 벗이었던 이관(李觀)의 자(字)다. 문장을 지으면서 전인(前人)의 글을 답습하지 않고 한유와 막상막하의 실력을 겨루었는데, 29세에 타향에서 요절하자 한유가 묘지(墓誌)를 지어 슬퍼했다.《구당서(舊唐書)》권190 참조.

과 나이가 같고[223] 재주와 행실은 의심 없이 사라지지 않을 것이다. 원빈은 객지에서 죽었지만 공은 집안에서 정명(正命)을 얻었으니 원빈에게 유감이 없다고 하겠다.

장사는 안덕(安德) 화현(火峴, 불티)의 진좌원(辰坐原)에 지냈다. 배위(配位)는 밀양 박씨(密陽朴氏) 유문(有文)의 따님으로 현숙했으나 자식을 두지 못했으며, 묘는 공의 무덤 왼쪽에 모셔 합장했다. 막냇동생 동도(東道)의 아들 함수(咸邃)로 뒤를 이었으니 한성참군 증 좌승지(漢城參軍贈左承旨)였다. 6남매를 두었는데, 시림(時琳)·시민(時玟)·시형(時珩)·시번(時璠)·시구(時玖)와 윤응삼(尹應三)에게 시집간 딸이 있다. 증손은 열셋이었는데, 헌(巘)·전(嶼)·인(嶙)·외(嵔)·요(嶢)·빈(嬪)·협(峽)·의(巇)·찬(巑)·정(崋)·완(岏)·윤(峫)·내(崍)가 그들로 진진(振振)[224]하게 번창했으니, 자신을 수고롭게 해 후손들을 보살

---

223) 나이가 같고 : 원빈은 29세에 타향에서 요절했기 때문에 이렇게 말한 것이다.

224) 진진(振振) : 자손의 번창을 비유할 때 쓰는 표현이다. 《시경》〈주남(周南)〉〈종사(螽斯)〉에 "수많은 베짱이들 화목하게 모여들듯, 그대의 자손 또한 번성하리라(螽斯羽, 詵詵兮. 宜爾子孫, 振振兮)"라는 말이 나온다. 베짱이는 한 번에 99개의 알을 낳는다고 한다.

핀 까닭일 것이다.

선계(先系)는 선공(先公)의 비에 모두 실려 있으므로 다시 반복하지 않는다. 그 미진한 것은 일록(日錄)과 행장 묘갈에 상세하게 갖추어져 있으니, 상론(尙論)225)을 하고자 하는 이는 상고해 파악할 수 있을 것이다. 이어서 명(銘)을 하니 이러하다.

  어계 선조의 유풍과 은택이요,
  유일재 문하에서 수학226)했네

---

225) 상론(尙論) : 《맹자》 〈만장(萬章)〉 하에서 "한 고을의 훌륭한 선비는 한 고을의 훌륭한 선비를 벗으로 사귀고, 한 나라의 훌륭한 선비는 한 나라의 훌륭한 선비를 벗으로 사귀고, 천하의 훌륭한 선비는 천하의 훌륭한 선비를 벗으로 사귀고, 천하의 훌륭한 선비를 벗으로 사귀는 것이 만족스럽지 못하면 또 옛사람을 숭상해 논한다(一鄕之善士, 斯友一鄕之善士, 一國之善士, 斯友一國之善士, 天下之善士, 斯友天下之善士, 以友天下之善士爲未足, 又尙論古之人)"라는 말에서 나온 것이다.
226) 유일재 문하에서 수학 : 원문에는 '입설(立雪)'이라 했다. 이는 '정씨 집 문 앞에 서서 눈을 맞다'라는 뜻인 '정문입설(程門立雪)'에서 온 것으로, 제자가 스승을 존경함 또는 간절히 배움을 구하는 자세를 비유한 것이다. 송(宋)나라 양시(楊時)와 유작(游酢)이 처음 정이(程頤)를 뵐 때, 정이가 마침 눈을 감고 명상에 잠겨 있었다. 얼마 후 정이가 눈을 떠 두 사람을 보고는 "자네들 아직도 여기에 있었는가"라고 했다. 이

현조의 은혜 입고 스승에게 씻어
맑고도 깨끗했도다
호련(瑚璉)을 갖고 있었으니
귀한 그릇은 깨어지기 쉽도다
스물아홉의 나이
바야흐로 장성할 때 오히려 돌아가셨네
처음과 끝을 돌아보면227)
충효가 하나의 비결이었네
임금과 어버이가 환란을 입음에
집안과 나라를 위해 피눈물 흘렸다네
은혜의 의리는 모두 온전히 했으니
신명이 환하게 꿰뚫어 보셨도다
이 망운정(望雲亭)을 그리워하며
혼정신성(昏定晨省)228)을 친히 하셨다네

에 두 사람이 문밖으로 나오니 눈이 한 자나 쌓여 있었다 한다.
227) 돌아보면 : 《맹자》〈진심(盡心)〉하에, 증석(曾晳), 즉 증점(曾點)을 공자가 말한 광(狂)의 대열에 포함시키고는 광이란 "뜻이 하도 높아서 옛사람을 곧잘 말하곤 하지만, 그의 행동을 돌아보면 말과 일치하지 않는 그런 사람을 말한다(其志, 嘐嘐然曰, 古之人古之人, 夷考其行, 而不掩焉者也)"라고 맹자가 평한 내용이 나온다.
228) 혼정신성(昏定晨省) : 저녁에는 잠자리를 살피고, 아침에는 일찍

문장이 넉넉한 고택이요
도덕이 분명하고 맑디맑도다
뜰 한편에 비를 세워
소목(昭穆)229)의 위차를 차례대로 하고
효도와 사친(思親)은 끝이 없어
저승과 이승은 이어진 듯
좌우에서 오르내리시면서
영원히 모시어 편안히 기뻐하시네
자취를 적고 글을 새기어
선열을 밝게 드러나게 했도다
아름다운 덕과 순수한 행실은
행장과 비갈에 상세하게 갖추어져 있으니
옛사람들이 슬퍼하던 바를
뒷사람들이 이어받는도다

漁老流澤　惟門立雪
足濡是澡　而濯而潔
擬將瑚璉　器貴易缺

이 문안을 드린다는 뜻으로, 부모에게 효도하는 도리를 이르는 말이다.
229) 소목(昭穆) : 사당(祠堂)에서 신주(神主)를 모시는 차례로 왼쪽 줄의 소(昭), 오른쪽 줄의 목(穆)을 통틀어 일컫는 말이다.

卄九春秋　方壯旋窆
夷考始終　忠孝單訣
君親蒙難　家國泣血
恩義兩全　神明可徹
眷玆雲亭　定省親闋
文藻古宅　水崢水澈
堅碑一庭　昭穆位列
孝思罔涯　幽明如結
陟降左右　永侍慰悅
紀蹟刻辭　明昭先烈
懿德醇行　備詳狀碣
昔人所悲　後人所述

　　　　　　　주손(胄孫) 현국(顯國)
　　　오천(烏川) 정환국(鄭煥國) 삼가 지음.
　　　　　후손 성욱(性旭) 삼가 씀.

추모정운(追慕亭韻)

삼가 어계 선조의 〈유두(流頭)〉 운을 써서 느꺼운 마음으로 추모정에 게시함(謹用漁溪先祖流頭韻感揭于追慕亭)

느지막이 와 우러러보니 강 머리는 저무는데
혼령은 선연하고 물만 절로 흐르네
가까이로 소나무 가래나무 바라보며 무덤을 보호하고
멀리로는 원림 서로 바라보며 자손들이 머물고 있네
백록 서원[230]의 규모 갖추어 풍치 이미 높으니
흑룡[231]의 눈물인 듯 비는 그치지 않네

---

230) 백록 서원 : 백록동 서원(白鹿洞書院). 9세기 초 당나라의 이발(李渤)이 창건해 북송 초에는 4대 서원의 하나로 꼽혔다. 남송의 주희(朱熹)가 학문을 가르친 곳으로도 유명하다. 여기서는 주자의 유풍이 드물었다는 의미로 쓰였다.
231) 흑룡 : 《신농구우서(神農求雨書)》에 따르면, 임계일(壬癸日)에는 북방(北方)의 노인을 흑룡(黑龍)이라 명명해 춤추게 하면 비가 내린다

세상의 가득한 먼지 속에서 정자가 홀로 서 있으니
한 구역의 세월은 노나라 춘추같이 정대하네

晩來依仰暮江頭　如在洋洋水自流
松梓近瞻邱壟護　園林相望子孫留
白鹿規模風已尙　黑龍涕淚雨靡收
滿世塵埃亭獨立　一區日月魯春秋

흑서(黑鼠, 1912)[232] 청양절(1월) 9대손 성길(性吉)[233]
삼가 지음

우리 집이 선조의 정자와 이 모퉁이에서 나란한데

고 한다.
232) 흑서(黑鼠) : 흑서는 간지로 볼 때 임자년을 가리키니, 조성길이 살아 있던 임자년인 1912년을 말한다.
233) 성길(性吉) : 조성길(趙性吉, 1860~1917). 본관은 함안(咸安), 자는 태초(太初), 호는 백운(白雲)으로 1896년 3월 청송 의진(靑松義陣)의 창의 과정에서 격문을 발송해 창의를 독려했으며, 청송 의진의 감은리 전투(甘隱里戰鬪)를 비롯해 경주성 전투(慶州城戰鬪), 영덕 전투(盈德戰鬪), 화전등 전투(花田嶝戰鬪) 등에 참여했다.

천수봉(天壽峰)234) 굳센 기운이 흘러서 닿은 것이라네

덕봉사(德峰祠)235)와 망운정(望雲亭)236)을 새벽에 다 보고

금대정사(金臺亭舍)237) 방호정(方壺亭)238)에 차례대로 머물겠네

---

234) 천수봉(天壽峰) : 경북 청송군 안덕면 안지리에 있는 산으로 추모정의 동쪽에 있다.

235) 덕봉사(德峰祠) : 경북 청송군 안덕면 덕성리에 있었던 사당으로, 함안 조씨 청송 입향조 조연(趙淵)과 조형도(趙亨道), 조함세(趙咸世) 등을 제향했다. 지금은 그 터만 남아 있다.

236) 망운정(望雲亭) : 경북 청송군 안덕면 명당동에 있는 정자로 망운(望雲) 조지(趙址)를 추모하기 위해 후손들이 세웠다. 정자 안에는 '망운 선생 조 공 유허비(望雲先生趙公遺墟碑)'가 있다.

237) 금대정사(金臺精舍) : 경북 청송군 안덕면 신성리에 있는 정사로, 함안 조씨(咸安趙氏) 16대손 망운(望雲) 조지(趙址)와 그의 아들 신당(新堂) 조수도(趙守道), 지악(芝嶽) 조동도(趙東道), 손자 조함도(趙咸道) 등을 추모하기 위해 1736년(영조 12)에 건립한 것이다. 금대정사 서편에는 1624년(인조 2) 지악 조동도가 소규모로 지악정(芝嶽亭)을 건립했으나, 그 후 퇴락해 1962년 현재와 같은 규모로 확장 중건했다. 1993년 경상북도 유형 문화재로 지정되었다.

238) 방호정(方壺亭) : 경북 청송군 안덕면에 있는 정자로 조선 시대 학자 방호(方壺) 조준도(趙遵道)가 어머니를 그리워하며 건립한 누정이다. 1984년 경상북도 시도 민속 문화재로 지정되었다.

백세토록 아침 해는 더욱 빛나고
한 구역이 정채로워 저문 안개 거두노라
이어받은 불초는 더욱 추모의 마음을 갖나니
현달과 은둔 사이에서 몇 해나 흘렀던가

我屋先亭竝此頭　壽峰磅礴達波流
德祠雲宇晨皆望　金樹壺欄次第留
百世增光朝日陽　一區生彩暮烟收
緖傳不肖多追感　顯晦中問月幾秋

숭정 5 임자(1912) 청양절(1월) 11대손 용택(鏞澤) 삼가
지음

둥글게 펼쳐진 산은 봉우리마다 드러내고
그 옛날 선생께선 은자로 사셨다네
학문 좋아하기로 유명하고 세상 공명 멀리했으니
유업239)은 정채로워 사람을 머물게 했다네

---

239) 유업 : 원문 '긍당(肯堂)'은 긍구긍당(肯構肯堂)의 준말로,《서경》
〈대고(大誥)〉에, "만약 아버지가 집을 지으려 작정해 이미 그 규모를

밝은 거울과 고요한 물 같은 마음 항상 지녀
물고기 뛰고 솔개 나는[240] 흥취는 거두지 못하겠네
한없이 유구한 천수봉은 가까이 있나니
팔천 년[241]의 세월은 얼마의 봄과 가을이었던가

環峙山嶽出頭頭　往古先生隱者流
好學聲光鳴世遠　肯堂精彩使人留
鏡明水止心常在　魚躍鳶飛興不收
愈久無疆天壽近　八千歲波幾春秋

숭정 기원후 5 임자(1912) 청양절(1월) 하순에 통정대부
지부 신관조(申觀朝) 지음

정했는데도 그 아들이 기꺼이 당기(堂基)를 마련하지 않는데 하물며 기꺼이 집을 지으랴(若考作室, 旣底法, 厥子乃弗肯堂, 矧肯構)"라고 한 대목에서 온 말로, 자손이 선대의 유업을 잘 계승하는 것을 뜻한다.
240) 물고기 뛰고 솔개 나는 : 원문 '어약연비(魚躍鳶飛)'는 《시경》대아(大雅) 〈한록(旱麓)〉에 나오는 말로, 만물이 각자의 자리에서 자신의 활발한 생명력을 발휘하며 자연스럽게 조화를 이룬 상태를 말한다.
241) 팔천 년 : 《장자》〈소요유(逍遙遊)〉에 "상고의 참죽나무는 8000년을 봄으로 삼고 8000년을 가을로 삼는다(上古有大椿者, 以八千歲爲春, 以八千歲爲秋)"라고 했다. 여기서는 오랜 세월을 나타낸 것이다.

하늘이 감추어 둔 복지가 바위 머리로 이어지고
정자는 깊은 근원을 품고 무수한 물결로 흐르네
멀리 있는 망운산은 예로부터 우뚝하고
서로 이어진 성벽은 지금토록 머물러 있네
곧고 충성스런 우뚝한 자취는 드러나지 않고
쌓인 유풍은 영원히 거두지 못했네
늦게나마 맺은 계로 새집 지어 펴는 추모의 뜻
장차 복록을 받아 천년토록 보존하리

天藏福地達巖頭　亭抱深源萬派流
遙望雲山從古屹　相連城壁至今留
貞忠卓蹟絡鞋晦　積累遺風永不收
晚契新軒追賀意　將令茀祿保千秋

숭정 5 임자(1912) 청양절(1월)에 청송후인
심능규(沈能圭)242) 지음

---

242) 심능규(沈能圭) : 본관은 청송으로 청송 덕천(德川)에 살았다.

뭇 산 낮은 곳에 약간 머리를 든 곳
물은 새 정자를 안고 조용하게 흐르네
십 세 동안 황량한 터 오늘에야 새로 시작해
두 대[243]가 서로 바라보며 이곳에 머물렀네
천지는 무궁한데 선조의 발자취는 남아 있어
산수의 운치를 기다려 후인들이 거두네
여기 올라 즐거움 펼치며 풍영을 생각하나니
종전의 적막한 때를 떨쳐 일으키네

衆山低下小擡頭 水抱新亭正穩流
十世蕪遑今日始 兩臺相望此邊留
天地無窮遺躅在 雲煙有待後人收
登斯樂叙思諷咏 振起從前寂寞秋

종8대손 능호(陵祜)[244] 삼가 지음

---

243) 두 대 : 망운 조지 등을 추모하기 위해 세운 금대정사와 신당 조수도를 추모하기 위해 세운 추모정을 말한다.
244) 능호(陵祜) : 조능호(趙陵祜). 함안 조씨로 자는 성여(聖汝), 호는 연잠(蓮岑)이다.

날개 펼친 듯한 높은 정자 바위 머리에 기대어 있고
금대정사와 방호정이 서로 바라보이는 곳 물도 함께 흐르네
백록동(白鹿洞)[245]의 유풍 예로부터 드물었으나
용화산(龍華山)[246]의 여운 지금토록 남아 있네
백년의 화수 선조들의 음덕 두터운데
십 리 강교를 아름다운 경치로 거두어들이네
당시의 충분(忠憤) 의리를 추억하노라면
사람에게 노나라 춘추를 읽듯 준엄케 하네

翼然高樹倚巖頭 相望臺壺水共流
鹿社遺風從古罕 龍山餘韻至今留
百年花樹先陰厚 十里江郊麗景收

---

245) 백록동 : 백록동 서원(白鹿洞書院). 9세기 초 당나라의 이발(李渤)이 창건해 북송 초에는 4대 서원의 하나로 꼽혔다. 남송의 주희(朱熹)가 학문을 가르친 곳으로도 유명하다. 여기서는 주자의 유풍이 드물었다는 의미로 쓰였다.
246) 용화산 : 경남 함안군 대산면에 있는 산으로, 그 기슭에 함안 조씨가 마을을 이루고 살았다. 이 때문에 조수도가 청송과 함안 사이를 자주 드나들게 된다.

追憶當時忠憤義 令人如讀魯春秋

종9대손 성락(性洛) 삼가 지음

후지(後識)

옛말에 뽕나무와 가래나무도 선인(先人)께서 심은 것이면 소중히 하라고 했거늘 하물며 선인의 손때 묻은 문적(文籍)을 공경하지 않을 수 있겠는가? 아버지의 수택 유묵을 소중히 함은 당연한 일이라 하지 않겠는가?

아버지의 아버지가 조부이니 위로 미루어 올라가면 모두 아버지다. 효경(孝敬)하는 마음에서 어찌 멀고 가까운 것이 있겠는가? 이 일록(日錄)은 우리 가문의 보배로운 글이요, 반드시 읽어야 할 소장본이라 생각한다.

동강[東崗, 조국제(趙國濟, 1906~1987)] 공이 타계하시기 수일 전에 그 집에 장서(藏書)하고 있던 고본(古本) 한 책을 옷깃을 여미고 받들어 읽었으니 신당 선조(新堂先祖)의 일기였다. "우리 가문의 보물이니 인쇄해 널리 세상에 전하는 것이 어떻겠습니까?" 하며 여쭈었더니, 공이 환후(患候)가 위중한 가운데 자세하게 지시하심에 공경히 듣고 다시 꿇어앉아 인행(印行)을 결심했다.

지난 정묘(丁卯, 1987)년 가을에 추모정(追慕亭) 모임에서 종중(宗中)이 결의하고 각지에 순방하며 참고 자료를 수집하니 부군(府君)이 교유한 제현(諸賢)들이 진신장보(搢

紳章甫)247)였으며 선조의 초휘(初諱)가 일도(一道), 택호가 영산(靈山)이었음을 알게 되었다. 그러나 해가 오래되고 깊은 탓도 있지만, 불초(不肖)가 지식이 얕고 성의가 없어 상세하게 고증하지 못했음을 자탄(自歎)하고 자괴(自愧)하는 바다.

이 일록(日錄)은 400년 동안 집에서 집으로 전하고 사람에게서 사람으로 전해 오히려 지금 보존하게 되었으니 조상들께 머리 숙인다. 해석한 일래(一來) 군의 노고와 도와주신 제위(諸位)에게 감사드리면서 부족한 점은 뒷날 붓을 잡은 사람이 수정하기를 바라며, 인행 후기(印行後記)를 쓴다.

1988년 12월 일 후손 용발(鏞祓) 손을 맞잡고 삼가 적음.

---

247) 진신장보(縉紳章甫) : 벼슬아치와 유생을 아울러 이르던 말이다. 진신(搢紳)은 속대(束帶)를 할 때 홀(笏)을 큰 띠에 끼는 것을 말하는데, 전해서 조정의 공경(公卿)을 뜻하는 말로 쓰인다. 장보(章甫)는 공자가 공서적(公西赤)에게 포부를 묻자, 그는 "종묘(宗廟)의 일과 또는 제후(諸侯)들이 회동(會同)할 때에 현단복(玄端服)과 장보관(章甫冠) 차림으로 작은 집례(執禮)가 되기를 원합니다"라고 한 바 있다. 《논어(論語)》〈선진(先進)〉참조.

원문

新堂日錄序

　　孔子曰 有德者 必有言 有言者 不必有德也 蓋德者 行也 言者 文也 若不修其行 而徒尙其文 雖充棟汗牛 不足觀也 竊惟 新堂趙公 漁溪先生之五世孫也 當玄黙之亂 上有父母俱存 下有兄弟五人 送二弟于郭忘憂堂 火旺山之役 與之戮力同事 且負兩親而逃亂 採拾之養 用盡誠心 備經驗阻 能保全性命於八年兵戈之中 豈非天神之有感於忠孝而然乎 嗚呼 公以超邁穎悟之姿 生於貞節公之家 以忠義爲茶飯 以詩禮爲裘葛 早年令譽大噪於世 而人無有司者之薦 故 逸而不仕 且年壽不長 纔至古人立志之年而沒焉 天理之償 乃至此乎 今去公之世四百有餘載 遺風餘澤 繼而不斬 不億之麗 去而益蕃 嗇前豐後之理 斷不可誣也 公之良箴懿範 可以矜式於後人者 不爲不多 而今桑海屢變 兵燹多閱 由來典籍 蕩失無餘 可以爲子孫之痛嘆處也 惟幸 公之年少時 與弟赴擧之紀行一篇 僅保於百劫風雨之餘 純實無僞 儘有德之言也 可謂 一臠而知全鼎之味 片翎而知瑞毛之彩 公之子孫 孰不若圭璋珙璧而寶重之也 將付手民欲傳於後 賢孫鋪枝一來等 自青松不遠十舍而來 問序於余 余雖識膚言淺 然有感於賢孫輩仁明之術 不挨僭踰而書之

　　　　　戊辰撲棗節下浣仁州張炳逵謹序

新堂日錄

1588년 1월 28일

越戊子正月二十八日 與舍弟景達 發會試行 辭別二候 蓐食登道 山人學明 亦隨焉 當午 至西村 村中諸舊 佩酒來叙 此前吾所遊詠處也 投宿長川書院 申君達夫・順夫・善夫 在焉 連枕穩叙

翼[248])朝 辭別諸君 馳去屛山 乃比安也 外舅 時爲厥縣誨任 故入拜因宿 舅氏之行 退於稍間

故翼曉辭別 朝飯柳川院 日暮艱投和楓 止宿秀山 商山地也 但見主 主人上下 露坐以待曉鷄 行路之艱 何至此極 一奴卒痛腹 病艱以藥蘇 多幸多幸

翼曉發行 朝飯德通 咸昌地也 促行投宿新院 聞慶地也

翼曉 棄僕先馳入去本縣 縣宰趙宗道 與吾等 兄弟行也 衙童英漢・英混 皆在兼與相叙

翼日 留 與主人諸君 酌酒而罷

翼日 又留 翼日 又留 主人爲設別筵 安東 金允安・允思・允明等 亦以京行來到 共與連枕 是夕 與漢混 更作盃酒亂酌 無數而吟

---

248) 익(翼):《신당일록》에서는 '익(翼)'과 '익(翌)'을 혼용하고 있다. 같은 의미로 사용되었으므로 원문 그대로 둔다.

翼日 辭別主人 主人優許路資 眞用寬厚 感賀何極 但舍弟自曉偶得耳苦 心切悶慮 歷賞龍湫 眞箇一區勝絶處也 徘徊良久 不覺行忙 隸人爭道 山日已午 重探勝景 不遠在邇 採蓮歸來以賦 穩賞 吾與山人 相目折倒猶惜 揮鞭十步九回 如別故人有戀戀焉 及到嶺上 義城朴泳 義興李挺南 來或後或先 秣馬安富 延豐地也 促行 投宿水廻里

翼曉發行 朝飯獐項 投宿獯川 忠淸道忠州地 自嶺以前 皆忠淸所屬也

翼曉發行 秣馬龍岸 投宿方院 晉城永坤 嘉樹李賢祐・李坤甲 來到相見焉 是夜 風雪亂作 遠地客懷 于何比焉

翼日 晩起朝飯 艱到竹山前灘 山人報云 忠州地 始盡於今日 投宿承天院

翌曉 冒雪發行 朝飯石盞 投宿龍仁酒肆 雪勢大作 舍弟奴春斤 又病不能去 因載馬而行

翌曉發行 朝飯板橋酒店 乘暮直渡漢水 由南山人崇禮 投宿咸安京邸 夜已三更矣 同郡奉事 李亨來寓 而十年先達 嗚呼老矣

翌曉 樓鍾初響 入來仁王洞 宣傳官 趙凝道汝修兄 僑居同寓焉 舍弟耳痛 近又轉極 甚悶

翌日 往吊主簿叔母主 主人毅道剛伯兄 歸在坡州廬側矣 只見成上舍文溶仲深而退 往拜外舅於屛山京邸 則已入城矣

翌日 强舍弟病 試講中學 乘暮而還 公道世有白髮之句 今可驗矣 靑坡居故人 愼君秀甲士選 聞吾輩消息 佩酒來慰 未及寒暄 黃色伎眉 穩携敍阻 贈送碧魚十尾 淸風一陣 咸安居趙楠 曾來居學 來拜故 贈碧魚以送

翌曉 舍弟扶病入場 乘暮而出 賦題薦櫻桃也

翌日 舍弟臥吟 吾則往拜舅氏而還

翌曉 吾亦入場 帶昏而出

翌日 馳往坡州 路出慕華館・沙店・碧蹄等地也 竟夕而到坡 痛哭堂叔靈前 宿草寒烟 慘橫馬鬣 一哭長痛 我懷曷極

翌朝 俱奠拜哭 但想 棄墳墓遊宦路 泪沒十載 未乞一縣 竟將萬金之骸骨 空作千里之荒墳 人事至此 痛傷無比 哭別兄顔 信馬還來 乘昏入城 縱高闕之壯大 始信蘇子由之爲文也 舍弟之病 自昨又轉極 不省人事 因醫藥之 竟無分效 作客遠地千里 悶愁 孰與解之 騈肩一枕 只增千慮

翌日 外舅鄉老李春壽來見 因言先出城外 同是客苦 先送鄉人 落拓之懷 又從而出 面首鄉山 歸計日極 以木二疋 得馬一疋 載吾病弟 旣別汝修兄 又辭主簿叔母主 只與山人學明結伴徒步 出自西門 及渡漢水 舅侍舍弟之行 想已遠矣 回望終南 有懷佳人不能忘之意 行未十里 脚力已困 難擧一步 忽見白衣一人 乘白馬而來 使山人 往控南中落魄生 乞驢踰前店 云 則彼將駐馬許我 以踰因問姓字 乃洛城東門外曺偶 而向歸龍仁云 及到岐路下馬 揖別曺君 記我之字曰 今日之遇 實是天也 他日入洛 幸相尋訪 吾亦拜謝 揮袖而別 余謂山人曰 傾蓋之中情 愈族親 誠可愛也 倘非曺君 吾其殆哉 扶筇艱投板橋酒店 舅侍李老 炊飯待我矣 舍弟則又落身臥吟 憫極憫極

翌曉發行 朝飯行院 投宿石盞 弟病似愈

翌曉發行 朝飯竹山大坪院 投宿方院 脚力甚憊 一生艱苦 莫極於此 是夜雨注如繩 明日之行 且將奈何

翌日 朝飯宿處 冒雨發行 淩涉泥程 顚蹶無常 難到龍岸 忽

逢奴馬 又審家庭安候 是用喜 投宿獐項

　　翌曉發行 朝飯安富 乘午踰嶺 西日已下 歸程極遠 未遑重賞龍湫 不勝缺然之懷 秣馬華封院 聞慶地也 縣宰 曾已罷去云 行到佛井院 別逢李老 因以止宿 夜已三更矣

　　翌曉 朝飯秀山 秣馬柳川院 投宿屛山鄕校 夜已深矣 弟病已得向差 多幸多幸

　　翌朝 辭別主人 馳來桃李院 朝飯馬 秣馬驛谷 乘暮入來西村 回望堂前 柳萼梅尖 侵眼爭榮 一年春光 今日尤新矣 因吟感興一絶

　　翌朝 促鞭還庭 慈候便保 咸安亦尙支安云 深用喜極 承聞惟一齋先生訃 其奠往哭而返

1590년 6월 10일

越庚寅六月初十日 以舍弟遵道事 早發西行 秣馬西村 投宿屛山縣內 日尙高矣 是夜 行雨午灑

　　翼曉發行 行未五里 僕驢俱蹇 艱到柳川院 玄黃似甚 亦已晩 因以炊飯 望數人備文書 自遠歷去 睨視甚熟 來前跪展 乃新方伯到界移文也 閱覽已畢 令驛吏 治驢病 則快得神效 促鞭 到和楓 積雨之餘 水波極漲 渡大津 又渡小溪 馬蹶沙中 盡濕衣裳 又失滽風 離家數日 惡事頗多 作客遠方 思甚可怕 投宿德通 陰雨四合 風氣亦絶 明若如此 濕衣必棄 深用憫極

　　翌曉 載星發行 朝飯佛井院 日光穿漏 北風時到 從容曝陽 乘午登道 歷賞龍湫 行非路遠 未得穩探 是知造物多猜 良可悵嘆 投宿嶺上 心甚愁悁 未能臥席 負壁待朝

翌曉發行 朝飯安富 秣馬撻川 投宿龍岸 日雖似高 過此難及方院 故强留焉

翌曉發行 歷方院朝飯 無極暑氣已甚 行路之難 莫極此時 病馬扶持 未可期必 私慮何極 秣馬分行 義禁都事 罪人押 向歸晋城 晋城乃吾右道也 逆賊鄭汝立 汚盡南土衣冠 不勝憤痛 投宿夫院 行旅多入 心頗疑慮之至 有一荒唐者 乘昏出入 行迹多秘 故吾唱言於衆曰 此人可疑也 衆口同辭 結縛倒置 然未能穩枕 倚柱彎弓 以待曉鷄

翌曉發行 朝飯金嶺 日高三竿矣 秣馬行院 投宿板橋

翌曉 帶月發行 朝飯桑田浦 日晚晏渡江 由西門入城 馳來仁王洞 申直長順夫兄所居 則老婢億今 見我垂淚 且自歡喜 懷土人情 莫不皆然矣 都事叔主 自北入來之後 一未相遇 今行得拜 幸幸 申兄 自罷直出來 無事從仕 是慰何極 趙剛伯兄 歷訪相面而歸

翌日 往拜主簿叔母主 又訪成上舍仲深兄 入拜叔主 良久酌酒而退 委望之事 庶乎偕意 終始難料

翌日 與兄 穩作吟弄 兼展兩懷 是夜 與趙都事 往見趙金溝于禁府 只通名字 退見英混等 則趙敏道兄 亦來觀後 故兼得相見 携往鍾樓 倚柱叙話之際 愼君士選 忽爾逼到 邂逅相遇 莫此爲幸 但獄事太嚴 玉石俱焚 不勝寒心 然 趙兄之事 庶幾得伸云 是則天也

翌日 趙剛伯兄 侍委邀故 自晚而進 入拜叔母主 久爾酌酒 又作水飯 退見成上舍叔主 因作夕飯 更酌盃酒而退

翌日 往拜金執義 乃吾五寸也 酌酒穩叙而退 義盈庫奉事郭止善 來見申兄 吾亦兼叙而送

翌朝 往辭主簿叔母主 暨剛伯兄 歷辭成上舍叔主 暨仲深兄 移時而還 卽日治行 剛伯及趙鐸來別而歸

翌日 辭別主人兄及叔主 出自新門 漢水未渡 申兄具酒來慰 旣而 至板橋 秣馬 投宿金嶺 日向昏矣

翌曉發行 行未十里 罪人 魚貫掌押而去 此 皆是鄭逆之徒 想多橫罹之人 心極慘怛 秣馬竹山 促鞭 投宿方院 但中暑已極 全却食飮 只飮蜜水 心頗悶苦自憫 曷喩

翌曉發行 朝飯撻川 倒載驢背 蹔駐水廻里川邊 投宿鳥嶺舘 風霧四寒 咫尺難分 此嶺之高 今可驗矣

翌日發行 朝飯華封院 秣驢幽谷 投宿和楓新村金敦別舍 金君 呂川人也 邂爾來到 連枕穩叙 連日嘔吐之餘 强進白粥 未下還吐 憫極憫極 是夜 天大雨

翌朝 冒雨發行 艱到柳川院 雨勢午止 因作朝飯 秣馬桃李院 日已下西 暑氣午退 心神淸灑 如入我闥矣 乘昏 投宿義城毗長里 但村門是拒 憤痛何言 難得 一幕 假寢達晨

翌曉發行 朝飯驛谷 卽附西村 左右舊知 沽酒來慰矣 乘暮促駕還庭 親候時尙支保 幸極

1591년 1월 6일

越翌年辛卯初六日 侍家君 發行咸安 舍弟遵道 亦隨馬 踰雨峴 投宿立石 新寧地也 是夜 天雨雪

翌曉聞鷄鳴 冒雪明松 行到雙亭 東方旣白 朝飯楸谷 亦同縣地也 雪勢連注 秣馬河陽南亭 西日已傾 促鞭投宿慶山城底 是夜 風雪如昨 奴馬露宿 行路艱苦 此焉可想

翌曉發行 朝飯清道省峴主人家 日已三竿矣 天陰似晴 日光漸穿 秣馬密陽風角 西日已下 促蹱兩岾 投宿昌山主人家 夜幾三更矣

翌曉發行 來到靈山趙潛家 主人叔等 皆穩保矣 及還咸安 斂叔主 曁漆原249)叔主 越來得審諸親安候 亦知景達 明日眷來 翌朝 請速諸舊 一席團土 竟日忘歸 翌日 家君 越向咸安 兩叔主 亦隨焉

翌朝 入見小君 尙無恙 幸幸

翌曉 哭聲 自內出 乃妻外祖母許氏訃音也 卽陪妻母 馳哭昌山 舍弟景達 亦來慰 是夕馳還 留二日 越來咸安 家君 姑依昔

翌朝 上拜杜谷叔母 歷訪周君益昌汝長 暫酌盃話 乘暮 渡江而來

1591년 2월 6일

越二月初六日 發向安德 蹱兩岾 秣馬風角 投宿省峴 日已西矣

翌朝發行 朝飯鴨梁主人 鄭順玉家 秣馬討日池頭 促行 投宿立巖 夜已深矣

翌朝發行 朝飯葛嶺下 扶筇蹱嶺 嶺之高 無讓於蜀道 十步

---

249) 칠원(漆原) : 원문에는 '칠원(七原)'과 '칠원(漆原)'을 혼용하고 있으나, 후자가 맞으므로 이것으로 바로잡는다.

九坐 揮汗成雨矣 秣馬刀川 乘午入來 慈候 便保矣

1591년 2월 26일

越二十六日 奴廣伊 自咸而來 仍審親候 以下地落馬 幾至傷骨矣 呼天仆地 卽欲馳候 而庭敎以過試下來云

1591년 3월 6일

越三月初六日 敢不違命 侍舅氏赴試赤羅 赤羅乃軍威也 投宿義城

翌日 冒雨發行 入來縣內 艱得主家 與鄕生李俊成 共寓焉

翌日 編訪諸伴 日暮而還 又明日 亦如之 又明日 亦如之

翌日 偕諸伴錄名

翌曉入場 賦題 笏囊也 詩題 帛書問道訪存亡也 京試官 申熱也 副試官 普牧崔岦也 其下 昌原府使 張義國[250]也 雨勢大作 乘昏乃出

翌日 編訪諸伴

翌曉 別舅氏及李生 乘月偕靈山兪生·辛生·崔生·密城曺君·孫君 同行 行到孝寧縣前川 日已三竿 馬亦不前 故因作朝飯焉 昌寧居成君安義來到 秣馬獨尾院 投宿八莒縣里 星州地也

---

[250] 장의국(張義國) : 원문에는 '장의국(張醫國)'으로 되어 있으나, 창원부사를 한 사람은 장의국(張義國)이므로 바로잡는다.

翌曉 渡水別送曺君 行到花園縣里 朝飯焉 秣馬玄風城底 忽逢咸安居朴昨 則亦自金山歸來 而賦題 持衣自首也 詩題長樂老也 乘暮促鞭 日漸陷西 故吾獨先驅 諸君在後焉 間關入來 夜幾四更矣 入拜親候家君 以前日所傷 結血成腫 醫藥不利 故累吮得差 景達 亦自金山已還 偕侍旬餘 無復後慮 而這間貢憫 豈以口旣

1591년 윤3월 6일

越閏三月初六日 發向安德 秣馬茜岾之下 投宿省峴
翌日 朝飯鴨梁 秣251)馬南亭 投宿古縣
翌曉發行 朝飯立石 乘午踰嶺 信馬入來

1591년 윤3월 26일

越二十六日 陪來家君作計 發向咸安 投宿永陽瓦村金福家 日尙不落矣
翌日發行 到南亭 東方向白矣 朝飯鴨梁主人鄭順玉家 日上三竿矣 秣馬省峴金應淳家 促行 行到兩岾間 西日已落 因以就宿村舍 昌山地也
翌曉發行 步踰茜岾 朝飯靑山院 牛川私婢七今家 促行 到星巖 下馬久歇 乘午入來 留二日 越候家君氣體 尙保前樣矣

---

251) 말(秣) : 원문에는 '말(抹)'로 되어 있으나 바로잡는다.

1591년 4월 2일

越四月初二日 陪家君啓行 舍弟亨道遵道 庶叔月年 亦隨焉 投宿陶山 漆原叔主 佩酒來別

翌日 因作朝飯 徐行到津 秣馬 侍叔父 携景達 泛舟於釀靈臺下 遵道 亦隨之 移棹 周君汝長 亭下解纜 登眺不覺歸遲 因吟一絶 酌送叔主 徐到廣溪 是昏 朴延世・李轄・俞汝諧 以酒來慰家君 多感

翌朝 別送景達 行到桂城柳陰 家君㫌醉 停轎久臥 蹔進白粥 投宿昌山 月山亡連家 鄭訥 來拜家君 蹔爾酌送

翌日 因作朝飯 促踰雨岾 行到風角川邊 久駐秣馬 投宿省峴

翌日 因作朝飯 行到烏川邊 秣馬 歷南亭 投宿射日 主人論石家主人翁已逝 只有厥子孫矣

翌日 因作朝飯 行到楸谷 丁生夢瑞來見 勸飮 是初面也 行到立石 停行綠陰 雉鳴澗中 家君 因吟一絶 乘暮 至普賢山 則鄭生浩然 其弟睟然 及永川李得麟李得鳳等來棲

翌日馳驅下來 至西村 村下諸老 具酒來穩

翌朝還庭 慈候便保 心用喜極 留二日 持心經一部 往棲普賢 與鄭李等 累日看讀而還

1591년 5월 21일

越五月二十一日 發向靈山 踰雨岾 行到茱亭 秣馬川邊 卜馬背傷已極 勢難遠征 故還率入送 入遇村舍 暑炎薰蒸 坐度一日如過十 午是多雷鳴 自北狂雨 忽作蹔午卽止 是夜假寐上

床 一夢難成

翌日 驪子還來 促行到鴨嶺 西日已傾 因留宿

翌日 朝飯省峴 促蹴兩岾 棄僕先驅 到昌寧邑邸 黃昏已近 間關得達

1591년 6월 26일

越六月二十有六 越候咸安僉叔主 兼見景達 留三日 侍金海叔主 馳來漆原 拜候叔父母 携往周君汝長書舍 則汝長 已向羊場 只有厥弟必昌曺君克休 與檜山張益箕來到 邂逅相遇 多幸何喩 携周君侍叔主 往赴玉筍252)之會 是羊場 乃周愼齋253)世鵬先生書院也 咸安第谷 吳丈澘 及吳光州澐 與李長瀞等 五六人已到 以次謁廟 移坐黃生亭舍 穩作仙遊 日暮而罷 吳李諸長 倚微酣 乘黃昏揮袂而去 引松明返武陵 與周君穩話 枕籍於堂中 不知東方之旣白

翌日關雨 與諸君穩做一場 又明日 穩醉周君之酒 叔主 向歸黃家 吾則直還儉巖 及昏 叔主 亦醉還矣

1591년 7월 3일

越七月初三日 別僉叔 乘醉渡津 歷拜李輊 良久酌酒而還

---

252) 옥순(玉筍) : 원문에는 '옥순(玉脣)'으로 되어 있으나 바로잡는다.
253) 신재(愼齋) : 원문에는 '신남(愼南)'으로 되어 있으나 바로잡는다.

1591년 7월 29일

越二十有九 發向安德行 到茜峴秣馬 促鞭馳到風角 西日已傾 因留宿

翌朝發行 到濤道郡前川 日已三竿 因朝飯 行到慶山頭流院 暫年秣馬 行到鴨梁 殘暑已極 氣似不調 止宿爲計 入訪主人翁 翁已病重云 故乘暮馳去南亭穩宿

翌日曉發 朝飯帝釋堂 秣馬立石內 至西村 與諸友終夜叙話

翌朝 因拈 一絶韻酬和 日晏 促到家庭 親候支保 深幸

1591년 10월 22일

越十月二十有二 發向靈山 到葛嶺 風雪深寒 投宿立石

翌曉 飮白粥 行到雙亭 東方向白矣 朝飯楸谷 促鞭 到鴨梁 主人以酒來拜 因留宿

翌曉 乘月發行 到栢田村 日上東嶺矣 朝飯省峴 行到風角 夜已深矣 未及踰峴 有一老人 扶筇顧我而言曰 山日已暮 果何人哉 虎豹之所伺 狐狸之所欺 豈不懼哉 余微哂而復之 見溺不援 昔人所戒 主人翁 盍爲我援之以手乎 老人許引歟家 但冷臥秣馬 不得楊州鶴 人事可達 夜轉輾 客夢難成

翌曉 月浮天東 三星下西 發行踰峴 東方尙未白 促踰茜峴 朝飯牛川私婢七今家 歷哭南山趙鐵手之靈 第見主人酌酒一椀 促鞭入來 日未西矣 是夜 朴延世殞命 妻之緦服也

翌朝 往哭朴壻 厥子 以中風不出房外 是有子而無子也 人事到此 天道寧論 辛君邦楫 先到護喪矣

1591년 11월 8일

越十一月初八日 越向咸安 拜僉叔主 留二日 又翌日 過行忌祭 留五日 又明日渡江還

1591년 11월 26일

越二十六日 越向咸安 留五日 巡行時事 因別僉叔主 侍漆原叔主發行 歷候李參奉俌 酌一大甌 聞吳丈溍 來在朴昕家 暫乍入見 退話李明憨朴震英 行到偶谷川邊 路逢張益箕 別送叔主及張生 促鞭 艱到津頭 黃昏已迫 促渡津水 間關入來 夜幾四更 妻已解胎於念二 喜其得大丈夫兒也

1591년 12월 22일

越十二月念二 越往咸安 留三日 設過病叔主慰筵 因留歲除 連日會友 迨無虛時

1592년 1월 1일

越翌年 壬辰正月初吉 往拜內禁叔主
翌日 拜辭僉叔主 歷拜李參奉 酌酒而退 馳來漆原 拜叔父母
翌朝辭退 路逢李航 負陽穩話 纔到津頭 西風大作 捲茅揚沙 津夫不能制船 還踰大嶺 由道興越還 妻兒無恙矣
翌日 往拜諸族

翌日 往哭安上舍之靈 乃妻之三寸叔母父也 上舍之名 餘慶也

1592년 1월 11일

是月十一日 發向靑松 雨微未散 歸計已定 冒雨發行 投宿昌山月山亡連家

翌日 雲陰 因作朝飯 乘晚促踰兩岾 秣馬風角 投宿省峴 是夜 風勢大作

翌日早發 到頭流院 日光四穿 朝飯紙幕 秣馬河陽 投宿永川瓦邑金福家

翌曉發行 到射日東方欲明矣 朝飯楸谷千壽家 秣馬葛嶺 投宿普賢山

翌日 促返先驅入來

1592년 2월 3일

二月初三日 漆原季父 向歸宣城時 申兄順夫 爲宰厥縣 余已陪行 舍弟遵道 庶叔月年 亦隨焉 秣馬山達 赤壁之下 安東之地也 投宿琴召驛吏家

翌明 早發 渡大溪 踰北岾 朝飯廬江書院 金生渭 獨棲初面也 謁廟而退 與金君 登養浩樓良久 下樓而別 路出 金上舍墓下 下馬展拜 乃吾童年受學先生 而居于佳野村 蘊大才 不得志 以訓誨後進 爲己任焉 移時彷徨 如承警咳 歷候金君得硏汝精 空題賦子 秣馬烏川 宣城地也 到鼻巖 先送緇重 逍遙巖畔 乘暮入來衙 內外皆無恙 主人以大祭 出齋 客舍因作共枕

是夜夢中 打殺虎豹 眞箇妙恠之事也

翌日 留

翌日 往拜溫溪吳進士 主人 年過六旬 身尙康健 是慰是慰 吳滑·渾·源 吳翕景泓·吳滬景沆·吳淦景深 皆在傍 穩作盃酒 終日而罷 竟爲景泓 所挽携入其家 更作盃酒 夜深醉別 歸來 主人 亦自鄕校 醉還倒臥矣

翌日 往拜金內翰垓空 題鳳字而還 程歷候河陽琴應夾 上舍應壎 同室和翕 可想孔樂氣像矣 穩作盃酒 從容叙罷

翌日 留

翌日 往陶山 歷賞汾川愛日堂 乃李聾巖先生亭舍 而厥胤進士公李叔樑 所肯構重新矣 主人出見 穩作盃酒 因吟一絶而罷 上來陶院 李蕃彦成追到 謁廟而退 周覽先生平日所嘗遊棲之地 則先生枕席·几筵·靑藜·投壺·硯滴 及壁間圖書 宛然如昨 拱袖欽想 凛凛 若穩承警訓 先生 眞所謂死而不死也 編覽幽貞門·淨友塘·節友社·時習齋·止宿寮·觀瀾軒 則先賢陳迹 頗鼓余懷 出來天然臺 穩作李君之酒 各唱陶山歌一曲而罷 西有天光雲影臺 其勝槩尙不讓於天淵也 松棚翳日 上天下水 羽鱗飛躍 左右翠屛 動影涵碧 江山之勝 一覽盡得 臺下 有濯纓潭 潭中 有盤陀石 亦可坐數六人矣 倚酣乘暮携手周行 還遊愛日堂之泉石 興盡酒醒 揮袖而別

翌日 早發淸凉之行 由汾川 沿退溪 携李生 陪叔主 上來月明潭 千丈淸淵 可洌塵腸 泛舟上下 薄暮微凉 水波極灛 落棹停船 入來孤山 左右奇巖 屹立千仞 洛水中流 縱繞巖曲 白鷗兩兩 遂流遡廻 江山奇絶 孰居此列 吳生滬追到 亂坐溪畔 烹魚賚茗 穩酌盃酒 乘醉帶月 騎牛徐行 吟得一絶云云 行到洞

口 山日已昏 石路險阻 間關到寺 寺所謂蓮坮也 是夜 氣飽穩宿

翌日 携出臺上 氣酒相屬 揖勸諸峰 余以遊行强 而乃口詩云 雲氣遙連祝融峯 天公應呵俗士遊 余與諸君 拍手折到

朝日 已上東天 頭戴黃山 手扶靑藜 理芒鞋 佩瓊液 由中臺庵 古道庵 普文庵 轉至金塔峯 峯腰有半夜臺 又有聰明窟 石泉 香洌矣 歷致遠庵 上極日庵 庵後有風穴臺 道人相傳 高麗崔學士致遠 所嘗讀書處也 歷安中庵 華巖庵 上淸凉 下淸凉庵 東庵 庵之西 有動石 壁立千仞 飛鳥不過矣 歷擎日庵 擎日峯 至金生窟 窟之左 有瀑布 時春氷未泮 積雪不消 是亦一奇絶也

投大乘庵 日御已過祝融峯矣 庵前有靑風臺 逍遙詠風 因作朝飯 與諸君 各次山人詩軸 曉字韻云云 歷上大乘庵 文殊庵 普賢庵 庵之上 有嗅畣臺 歷夢想庵 記曉庵 庵之右有石窟 又有石泉 歷滿月庵 白雲庵 山人 以錦鱗 各呈仙味 數盃瓊液 蕩滌煩惱 旣登紫宵 又登硯滴 始信山之淸秀 而眼界之汗漫矣 又吟一絶云云 生平夙願 今雖穩賞 思成九折翩然 返節歷眞佛庵 徐徐而還 是夜月色如晝 十二峯髻 現在几筵之下矣

所未登陟者 筆峯・仙鶴峯・獅子庵・慈悲庵・香爐峯・蓮花峯・內丈人・外丈人・上臺庵・上楚庵・東楚庵・東秀庵・祝融峯・金剛窟矣 吟得四韻二首

翌日 蓐食下山 十步九回 如別佳人 而戀戀焉 渡洛涯 秣馬景巖之下 吟得一絶 漁人 進以錦鱗鱠之 烹之 酌之 歌之 仙興悠悠 乘暮歷拜吳上舍 傍有一客 乃上仝徐干一 而李君彥成外舅也 穩作盃酒 辭退 揮別諸君 引月而退

翌日 留

翌日 冒雨回程 投宿馬岾 安東地也

翌日 早發 朝飯眞寶地 秣馬靑松地 夜深還庭

翌日 蓐食下山 十步九回 如別佳人 而戀戀焉 渡洛涯 秣馬景嚴之下 吟得二絶 漁人 進以錦鱗 鱠之 烹之 酌之 歌之 仙興悠悠 乘暮歷拜吳上舍 傍有一客 乃上舍徐千一 而李君彦成外舅也 穩作盃酒 辭退 揮別諸君 引月而退

翌日 留

翌日 冒雨回程 投宿馬岾 安東地也

翌日 早發 朝飯眞寶地 秣馬靑松地 夜深還庭

1592년 4월

○ 4월 6일

夏四月六日 越訪申養根時 縣吏 獻告目 乃倭寇儉攘云云 急歸告家君曰 倭憂聞已非輕 甚可痛也 卽陪親 入本府 請鄕中知事諸君 與議君民善保道理

○ 4월 13일

十三日 釜山多大浦 俱陷

○ 4월 14일

十四日 東萊絶影島 倭船 繼鱗籍海 放炮如雨 卽日見陷

○ 4월 16일

　十六日 彦陽梁山 繼陷

○ 4월 21일

　卄一日 內城月城 俱陷 自是 江左江右 東南列邑 次次陷沒 諸將 望風奔潰 士卒 棄甲爭走 天意國運 胡至此極 西望痛哭 不勝憤懣 防禦使李鎰 領戰尙州 終見北走 聞極寒心

○ 4월 22일

　卄二日 忠州 見陷

○ 4월 23일

　卄三日 賊勢長驅 國事甚急 然 兩親咸在 不可岌然在野 故 因倍入唱谷 結幕爲保家之計

○ 4월 24일

　卄四日 陪親入府 與伯 相議義兵而還

○ 4월 27일

　卄七日 以親命入鄕射 請各面智謀者 議定有司 使之急急倡義

4월 29일

卄九日 府伯 抄義將 將傳令于各面

5월 30일

越五月晦日 聞郭公再祐 設義兵所 招致各邑軍將 時 舍弟東道 隨亨道赴義陣 而以親在不忍離 故予泣而勞之 曰親事惟我在 汝勿慮 國事惟汝 偕吾所志 因吟詩 慰勉送弟

6월 4일

初四日 往拜金蕃 與議時事

6월 8일

初八日 陪親 移寓於檜谷

6월 19일

十九日 從判官叔主 發向咸安行 到古縣 道路梗塞 促鞭返程 全三樂·曹以鼎等來訪 語及國事 氣忽不平 僅還家庭 呻吟數日

7월 10일

越七月十日 家君命戒曰 兵相朴晉入縣 大駭入山 遭此板蕩之時 難可如意勤國 卽奉親命入葛內 葛內卽周房後麓也

翌朝 與驛吏林同 巡覽山中 可隱之處 眞箇勝地 而 一夫當關 萬夫莫開之地也 第念東海迫近 足色是慮 有詩云 俗儒遯賊東奔日 龍御飄飄西海濱 走到葛田無脚力 如何虐鬼又纏身 避賊曾走北 如今又奔東 行裝隨短竹 身勢任轉蓬 靡家經夏月 梧葉已秋風 哀哀妻與子 何處化猿虫

○ 7월 22일

越廿二日 還來檜谷 親候依昔 私幸而倭迫東海 勢不獲已 促返舊巢 詩云 北竄東奔任亂離 鄉隣朋舊孰相親 目前彷彿稱兒泣 堂下依俙二弟嚬 自喜一門依舊日 聊憐四海漲風塵 梁月滿窓塵忽散 擾擾千里夢中身

○ 7월 28일

廿八日 聞唐兵十餘萬 以援兵到松京云 迄未見長驅南下 何其遲也 則此必有以也 嗚呼 二百年禮樂文物 繁華之場 一旦盡爲犬羊狐兎之窟 時耶 運耶 天意難詰 三百州衣冠士族之家 擧汚 一倭賊手 國辱民羞 何以快雪心 切痛 切痛

○ 8월 1일

越八月初一日 陪親入本府 探問義陣事機 相與議義粮事

○ 8월 8일

初八日 西龍 自靈來 報得奉僉叔及家人書 如對面目 未及開緘 涕先交頤 共避下處 不被兵禍 其幸可言光表 亦免死 我心梢降 第聞咸人 安憼・李伶・李亨父子 赴戰被害 而李亨力戰致死 因感憤吟詩

○ 8월 14일

十四日 聞秀吉爲琉球國所射 風傳之 眞僞 固不可知 然 如其言也 天意可占

○ 8월 16일

十六日 招諭使金丞相誠一 陞爲左伯 近當入界 民望其蘇還渡右江 江左無福 亦云極矣

○ 8월 30일

卄三日 率來妻兒

○ 9월 19일

九月十九日 發向咸安 到河陽 兵相留陣於城中 時倭卒 連日焚殤於縣境云 疾驅入陣中 探問義軍事機而退

翌日 行南亭 則永陽軍 結陣於川邊 故 下馬入拜義將 憑閱傳令而退 到慶山 踰一嶺 望見大邱淸道之路 則倭無形影 促馬 還到黑石閭里 蕩然 但見丘墟 秋草而已 黑衣一人 歷前而

去 乃甫也 招前對語 咽喉 未陣慘不忍聞 倭徒四散 勢難保避 故 乘暮入深谷中 坐月待曉 此夜經狀 不覺形言

翌日 到月山 見金敎仁・金敎禮 暫敍阻懷 由池浦 歷馬嘯院 到津頭 奴命實來見 金海兩叔 眙在咸安 內禁叔 以鄕任在同郡 漆原叔 頃在安陰 今居 三嘉云

翌日 往話吳丈滸 及周生必昌

翌日 往拜吳判校 則賓客滿堂 而進士汝穩許生導 亦在傍矣 終日穩酒而罷

翌日 往拜許僉知

翌日 往拜判官叔母 則叔主 今爲星州判官云 歷見安守容 頭尾 他鄕寄足人門 迨半載 朝不謀夕 故 因渴棗敍情

翌日 拜兩叔於蓬山之齋 語到倭變 心寒骨冷 是夜 內禁叔主來到 而共枕穩敍

翌日 往拜漆原叔於大坪 時望軍來報曰 右兵相吳崇仁 敗軍於昌原 倭兵已踰咸京云 叔主 去蓬山 余 還到鼎巖

翌日 三叔 自逢偕來 其爲艱苦 如何 留三日 辭別僉叔主 奮袂而還 陪妻母與家眷十四餘人 來來到天王峰 則玄風軍將 已留陣於嶺下 下馬入陣幕 憑閱傳令而退 來至立石 奴輩來俟 仍審親候 我心稍解 促馬入來 家君 入府與府伯及鄕員某某 謀畫國事者 迄今十餘日云

翌日 疾驅入城 覲拜親候 侍議累累 多有叩質

○ 9월 28일

卄八日 夜 忽失兒子 亂中求生 胡至此極

翌日 永訣火峴 火心俱焚 竊想眉目揚明 欲忘何忘 痛哉痛哉

詩

〈與順夫向陶山〉

　　二月梅花雨 攜君辨勝遊 氣像靈芝屹 遺芬友社幽 松韻琴心奏 天光鑑影流 共唫笑橐輸 更向白鷗洲

〈清涼山與諸公相壽韻〉

　　雲氣遙連祝融峯 天公應呵俗士遊 先生眞趣何處倣 山自峨峨水長流

조수도를 추모하며

追慕亭上梁文

　見於羹見於墻優曖254)有如在之感　美哉輪美哉奐歌而發善頌之詞 風韻豈可泯乎 溪山若有待矣 恭惟我新堂府君 允矣圭璋之令質 偉哉棟梁之美材 世嫡孝忠丕承漁祖之卓節 業守詩禮克遵雲爺之裕謨 樂在湛和列五常而資日月之邁 世値板蕩檄一鄕而講春秋之盟 二百年鴻碩之門 十三忠蟬爀之閥 天然垢淨友社慕先哲而尋眞 公山會火旺營迓諸第而誓志 梧峰公東籬老以道交而托襟 海涵書西山經若嚴師而奉訓 古所謂可祭於社者 今豈無追慕之地乎 惟玆 達川一區泉石 盤崖煙霞洞府 奧瞻邱壠先靈之陟降宛然 平挹郊庄諸孫之閭井相望 連天圍野逞逞鶴渚而鳧汀 洛地成原面面龍盤而龜伏 雖非當日燕閒之處 乃是後孫衛護之區 水自大明窟而發源明都之消息可鞠 山自普賢岑而落脉賢人之精彩可尋 三嶺雲細谷煙篆靑嵐而畵列 半畝鑑滿川月印蒼潭而珠沈 花樹百年之村 蓮花十里之渚 曷不感爾樹聽知 孝之烏得其性哉 淵遊報本之獺文獻蕩殘兔菜之都觀堪 惜世代寢遠 庚桑之畏壘 罕聞乃收菹州之

---

254) 애애(優曖) : 원문에 '우연(優然)'로 되어 있으나 바로잡는다.

長爰傚寒泉之制 卜云其吉地協負子之原事如有期 歲值建亥之次戒子孫於勿替不可忘 甄氏思齊之名報祖宗於無窮足以法 祝公敬堂之茂 峴以玉林以德尙留杖屨遺痕 坮口金亭口壺共長山水餘韻 豈徒景物之富 實山興感之誠 密邇松堂三賢之剩馥蔼然有被 瞻望霞岀五仙之高躅庶幾可攀 月朔以歡講同人宗于之會 風雨克備簽大壯取諸之規 樂而趄功不煩斧彼錘彼 兀然就屹足以息焉遊焉 恭述短引用助洪梁

　　抛梁東 紫草山光揷半空 中有仙翁修鍊久 終成丹轉驗神功

　　抛梁西 望裡雲亭咫尺齋 芘覆當年餘陰厚 葱籠花樹便成溪

　　抛梁南 德社荒凉秋氣含 一斷虹橋煙雨鎖 誰將消息向人譚

　　抛梁北 矗立菜山撑斗極 思君不見下江洲 何處蓬雲有五色

　　抛梁上 霽月苍苍天宇朗 讀罷濂翁圖圈說 令人洒落氣如爽

　　抛梁下 一帶江流日夜瀉 從來百行源於孝 渟瀦方知有本者

　　伏願上梁之後 子孫昌蕃 文物富盛 講信修睦樂叙天倫之淳情 追遠愼終恒念祖德之仁覆 繼自今而胥勖 將俾後而永圖

　　　　　　　　　　　從九代孫 性洛謹撰

追慕亭記

余 少也 雅好山水 與朋友 周覽名區 山川之勝 勝地 皆先哲人藏修之所 而惟靑鳧白鶴 亦南州之所云也 退陶老先生 盛稱於詩 而余幸適宰玆府 休官之暇 遊覽大遯・老萊・紫霞諸山 轉而向縣之東 扶輿磅礡 蜿蟺瀜結 爲天壽峯 壯哉 是山也 其勢鼎足 而峙東迤爲紫草山 西聾爲驛馬山 南回爲普賢山 此非特絶勝 勝與圖之 所未及念 必有魁奇 忠信材德之士 生其間 日趙友性吉甫 歔欷愀然 曰我先祖尙書望雲公之胤 新堂公 早有志行 爲惟一齋金先生高弟 道門學而令聞日播 値龍蛇之亂 使二弟倡義赴陳 曰老親在堂 吾不可與之偕 君輩 須盡力國事 毋忝我忠孝家聲 日夕西望而雪涕 背負兩親奔竄 得全忠孝誠心 可以質神明 爭日月 而不幸早逝 親戚士友 咨嗟咏嘽 距今三百年之久 而終不可諼 其遺芳重望推可知也 且金臺方壺 三五里相望 連城之璧 燦然粧飾 一花一石一草一木 精采輝映 俗賢人君子之所過也 杖屨盤旋之地 遺風餘韻 漠然 山高而水長 後昆 聿追羹墻之慕 各以錦力肯構而起亭 扁楣曰追慕 慕先之孝 令人興感 名祖之肖孫 善繼述事 而向來愀然 友幹蠱也 旣落 請一言以誌 顧此耋荒 何敢當是寄 而若不有乎是 則平日景慕之忱 無以粗伸 以毋念爾祖 聿修厥德 爲僉君子 誦之

通政大夫前知州 申觀朝 記

墓碣銘

　　公 諱守道 字景直 號新堂 姓趙氏 貫咸安 高麗人將軍諱鼎 其上祖也 連世公相 載在策乘 工曹典書諱悅 値麗運訖 有白 靖之節 入本朝 有諱旅 端廟 生六臣之 ·也 累贈吏曹判書 諡 貞節 世稱漁溪先生 於公 爲五世也 高祖諱銅虎 官郡守 以淸 白稱 曾祖諱淵 義 禁府經歷 贈參議 祖諱庭彦 副直 贈參判 考 諱址 贈資憲大夫刑曹判書 號望雲 妣 贈貞夫人安東權氏 習 讀恢之女 公 自幼知能夙著 及長文辭贍麗 有名藝林 弱冠赴 擧 簡易崔公 爲主試 將魁擢 人有竊芬而事不諧 自是 遂絶意 榮道專心 皆近裏事也 以贄禮 謁于惟一齋金先生 得聞爲學大 方 忠信其書紳而戒懼 乃參衡也 五棣征邁 益勵師教 經史子 集 靡不博究 性好施 與處貧族窮交者 有麥舟之義 義庄之規 及壬辰島訌 送二弟亨道東道于郭紅衣陣中 曰親老在堂 吾不 得同赴 君須爲國致命 無負我忠孝家聲 遂奉老人峽 備經危險 而供養不匱 卒以得全 論者 謂孝感獲佑也 申梧峯之悌 公之 姊壻也 義契尤密 方申公之在宣城 任所往從 累日講討疑難 因趨謁陶山院祠 與溪門諸公 追從於天然石磵之間 想慕興起 之意 多發於唱酬之什 時方妙年 而向道景賢之意 已自期遠大 假之以年 期進有未可量 而遽以萬曆癸巳卽世 距其生嘉靖乙 丑 僅二十九矣 豐其賦而嗇其年 玆曷故焉 葬木府安德縣火峴 辰坐原 後以曾孫崍 優老典 贈通訓大夫司僕寺正 配淑人密陽 朴氏有文女 未育 後公而卒 祔于公墓左 以季弟副正東道了咸 遂嗣 漢城參軍贈通政大夫左承旨兼經筵參贊 孫男 時琳時玟

時珩壽中樞 時璿時玖壽戶判 女尹應三 坡平人 曾孫男 巘峴
嶙崴嶢嶺峽嶬嶟逕岏峠崍壽中樞 以下不盡錄 今來請銘者 其
後孫鏞璧也 紉其事而殫其力者 定植也 公不遇不壽 未究富大
業 而時代又三百載遠矣 遺文散逸 只有日記一冊 而亦多殘缺
懿德諄行 無由詳聞 然 公雅素日誦之言 有曰 天下雖大 而吾
心之體 無不該 事物雖多 而吾心之用 無不管 斯可以槪夫平
日所用工也 夫銘曰

　　家傳漁老 學承惟翁 有是天姿 勉以實工 嗟不遐壽 志業未
終 猶多可傳 刻眎無窮

　　　　　　　　　　　　　　　　　　完山柳必永 謹撰

　　恭惟新堂府君之歿 距今三百有餘禩矣 人事推遷 久闕墓
道之飾 往在丁巳 後孫定植鏞璧 合謀族宗 始成顯刻 歲未久
石面剝泐 銘跡魚象 諸孫用是憂惕 相與伐石改竪 銘文 依用
前述 舊碣 埋于壙南 歲癸未十月日也 從十世孫 顯奎謹識
　　　　　　　　　　　　　　　癸未十月日冑孫南濟改竪

遺績碑文

　亭 故贈刑曹判書 望雲趙公遺墟也 世久頹圮重新之 而庭
碑表墟 又爲胤子贈司僕寺正公 紀蹟而幷慕寓之曰 府君三十
年 膝下左右就養者 惟古訓足適 而洞屬有加求古賢子職 未有
多公者 宛宛庭除 無非遺蹟 則今玆之擧 庶或昭幽明之孝乎
石旣 且公後孫國濟 偕其族弟錫濟 以狀銘遠來 際煥國 微其
辭人 徵筆菱極 知不敢 而念先世契義 不能終辭者 謹按咸安
氏之奕靑焉 自望雲公始 公漁溪先生玄孫也 忠孝淸白 載赫乘
史 公上紹下啓 濬源厚植 天錫祚胤 庭有五子 諱守道字景直
號新堂 其胄子也 自幼 仁孝穎敏 淑淑而侼 秩秩而積 學解步
驟 早發芳華 嘗爲親赴擧 主司簡易崔公 擬將擢魁 有奸夯人
未果 人皆惜之 而公不少介 蓋自待無疑也 與弟遵道 贅謁惟
一齋金先生門 益聞爲學旨訣 聯狀征邁 服膺勉孜 而及卒 恨
心喪而無服 盖事 一義重也 樂善好施 在觀志之日 而有麥舟義
塵之風焉 梧峯申公之悌 以蘇黃誼契 辛卯[255]來守宣城 公卽
往叙情講討 多所發明 因進謁陶院 與及門群公 遊淸凉雲臺蒼
峽間 窮溯邁[256]軸杖屨之所 而晩不窮操几杖 深致慨焉 其景

---

255) 신묘(辛卯) : 원문에는 '갑인(甲寅)'으로 되어 있다. 갑인년은
'1554년'과 '1614년'으로 조수도의 생몰년과 맞지 않고, 신지제가 선성
에 부임한 것은 1591년(선조 24)이기 때문에 '신묘(辛卯)'로 바로잡는
다. 조수도가 선성으로 신지제를 찾아간 것은 1592년 2월 3일이다.

賢嚮257)道之誠 有如是也 嘗曰 天地之大 事物之衆 而吾心之體用管該 學不知此 難以爲學 雖公自道辭 而仰想用功之遠大也. 徐執難作負親竇峽 而送二弟亨道東道于忘憂郭公義陣曰 大駕播遷 雖在草茅 豈忍坐視 戰陣有勇 亦孝道 往勉哉 無忝忠孝家聲也. 卒以兩全 盖家國深誠 感佑神明也. 嘉靖乙丑生 萬曆癸巳終 享二十九 壽志未究 而年遽促 孰謂天可問也 昔昌黎氏銘 元賓墓曰 夭壽不惡 慕才高乎當世 行出乎古人 不朽長存 公年同而才行不朽無疑 而元賓客没 公則得正牖下 無憾元賓也. 襄安德火峴負辰原 配密陽朴有文女 賢而無育 墓祔公塋左 以季弟東道子咸邃嗣 漢城參軍贈左承旨 有六男女 時琳・時玟・時玴・時璠・時玖・尹應三 曾孫十三人 巘・嶹・嶙・崴・嶢・嶬・峽・巇・巆・廷・岋・岘・崍 振振以昌 劬躬懤後歟 先系 具載先公碑 故不復焉 其未盡者 日錄及狀碣詳備 尙論者 有所考握也 系之辭曰

漁老流澤 惟門立雪 是濡是澡 而濯而潔 擬將瑚璉 器貴易缺 卄九春秋 方壯旋窀 夷考始終 忠孝單訣 君親蒙難 家國泣血 恩義兩全 神明可徹 眷妓雲亭 定省親閴 文藻古宅 水崢水澈 竪碑一庭 昭穆位列 孝思罔涯 幽明如結 陟降左右 永侍慰悅 紀蹟刻辭 明昭先烈 懿德醇行 備詳狀碣 昔人所悲 後人所述

---

256) 과(蘾) : 원문에는 매(邁)로 되어 있으나 바로잡는다.
257) 향(嚮) : 원문에는 향(響)으로 되어 있으나 바로잡는다.

胄孫 顯國
烏川 鄭煥國 謹撰
後孫 性旭 謹書

追慕亭韻

謹用漁溪先祖流頭韻 感揭于追慕亭

　晚來依仰暮江頭　如在洋洋水自流
　松梓近瞻邱壟護　園林相望子孫留
　白鹿規模風已尙　黑龍涕淚雨靡收
　滿世塵埃亭獨立　一區日月魯春秋

　　　　　　　　黑鼠靑陽節 九代孫 性吉 謹稿

我屋先亭竝此頭 壽峰磅礴達波流
德祠雲宇晨拧望 金樹壺欄次第留
百世增光朝日陽 一區生彩暮烟收
緒傳不肖多追感 顯晦中間月幾秋
　　　崇禎五壬子青陽節 十一代主孫 鏞澤 謹稿

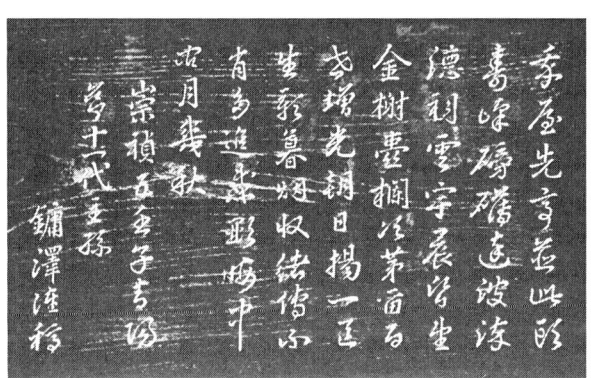

環皆山嶽出頭頭　往古先生隱者流
好學聲光鳴世遠　肯堂精彩使人留
鏡明水止心常在　魚躍鳶飛興不收
愈久無疆天壽近　八千歲波幾春秋
　崇禎紀元後五壬子清明節下澣通政大夫知府申觀朝稿

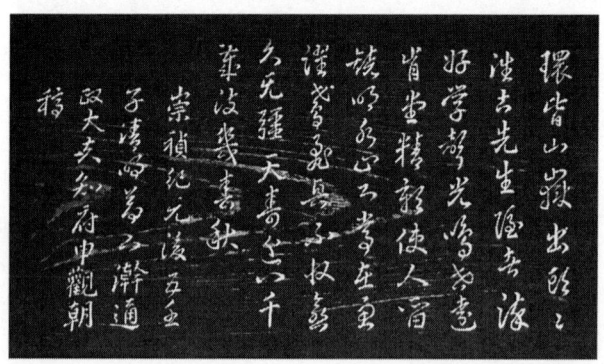

天藏福地達巖頭　亭抱深源萬派流
遙望雲山從古屹　相連城壁至今留
貞忠卓蹟絡鞾晦　積累遺風永不收
晚契新軒追賀意　將令苪祿保千秋
　　　　　　　崇禎五壬子青陽節青松後人沈能圭謹稿

衆山低下小擡頭　水抱新亭正穩流
十世靡遑今日始　兩臺相望此邊留
天地無窮遺躅在　雲煙有待後人收
登斯樂叙思諷咏　振起從前寂寞秋

　　　　　　　　　　　　從八代孫陵祜 謹稿

翼然高榭倚巖頭　相望臺壺水共流
鹿社遺風從古罕　龍山餘韻至今留
百年花樹先陰厚　十里江郊麗景收
追憶當時忠憤義　令人如讀魯春秋

　　　　　　　　　　　　從九代孫性洛 謹稿

후지(後識)

옛말에 桑與梓도 先人所植이면 所重히 하라 하였거늘 況先人手澤文籍을 恭敬치 않을까 하였으니 父之手澤遺墨을 所重히 함은 當然之事라 아니 하리요 父之父爲祖父니 推上皆父也라 孝敬之心에서 어찌 遠邇이 있을까 此日錄은 吾門之寶章이요 必讀所藏本이라 思料된다

東崗公他界數日前에 其家藏書古木 一冊而斂袵奉讀하니 新堂先祖日記라 吾家之珙璧이니 印行廣布世傳함이 如何오 엿쭈니 公이 患候危重中 細細指示하심에 敬聽更踞刊行을 結心하고 去丁卯秋追慕亭聚會時宗中決議하여 各地巡訪 參考資料 蒐集함에 府君交遊諸賢이 搢紳章甫이시며 先祖初諱一道요 宅號靈山임을 알았으나 歲久年深한 탓도 있으나 不肖淺識無誠하여 詳細考證 못하였음을 自歎自愧하는바입니다 此日錄을 四百年傳家傳人하여 尙今保存하신 祖上들에게 머리숙이며 解釋한 一來君의 勞苦와 도와주신 諸位에게 感謝드리면서 不足한 點을 後日秉筆은 수정있기를 바라오며 印行後記하나이다

一九八八年十二月 日 後孫 鏞枝 拱手謹識

해 설

시골 선비 조수도의 꿈과 고뇌

조수도는 누구인가?

조수도(趙守道, 1565~1593)의 본관은 함안(咸安), 자는 경직(景直), 호는 신당(新堂)으로 초명(初名)은 일도(一道)다. 아버지는 동지중추부사(同知中樞府事)를 지낸 조지(趙址, 1541~1599), 할아버지는 부사직(副司直)을 지낸 조정언(趙庭彦), 증조할아버지는 의금부경력(義禁府經歷)을 지낸 조연[趙淵, 1489~1564. 호는 내헌(耐軒)]이다. 어머니는 습독(習讀)을 지낸 권회(權恢)의 딸 증(贈) 정부인(貞夫人) 안동 권씨(安東權氏)다. 그는 5남 3녀 중 장남으로 태어났으며, 출생지는 경북 청송군 안덕이다. 청송에 함안 조씨가 세거한 것은 오랜 유래를 지닌다.

함안 조씨의 시조 조정(趙鼎)은 원래 중국 당나라 때 절강(浙江) 사람이라고 한다. 조정은 신라 말기에 동생 조부

(趙釜)·조당(趙鐺)과 함께 귀화한 뒤 고려가 통일을 이루는 데 공을 세워 개국벽상일등공신(開國壁上一等功臣)에 녹훈되고 대장군(大將軍) 원윤(元尹)을 지냈다. 그로부터 8대손 어계(漁溪) 조여(趙旅, 1420~1489)에 이르러 함안으로 내려가 그 지역의 대표적인 명가가 된다. 조여는 단종이 왕위를 찬탈당한 뒤 벼슬을 버리고 함안으로 내려가 절개를 지킴으로써 생육신(生六臣)의 한 사람이 된다.

조여의 손자 조연(趙淵)은 함안에서 출생해 1510년(중종 5)에 진사시에 합격했다. 김천도찰방(金泉道察訪), 의금부경력(義禁府經歷)에 임명되었으나 척신 김안로(金安老)가 정국을 전횡하는 것을 미워해 관직을 버리고 함안으로 낙향한다. 이후 조연은 혼인 후 처가가 있는 경상도 청송도호부 안덕현(安德縣, 지금의 경북 청송군 안덕면)에 거주하게 되고,[258] 둘째 손자 조지(趙址)를 안덕에 이거해 살도록 하면서 청송에 그의 후손들이 세거하는 터전이 되었다.

조지는 안동 권씨(安東權氏)에게서 조수도(趙守道), 조형도(趙亨道), 조순도(趙純道), 조준도(趙遵道), 조동도(趙

---

[258] 조연은 1563년(명종 18) 경상도 함안군 산족리(山足里, 지금의 경상남도 함안군 군북면)로 다시 돌아와 살게 된다.

東道)와 딸 셋을 낳게 되는데, 세 딸은 각각 신지제(申之悌), 장후완(蔣後琬), 이종가(李從可)에게 시집갔다. 조수도의 부인은 박유문(朴有文)의 딸 증 숙부인(淑夫人) 밀양 박씨(密陽朴氏)다. 이들 사이에 아들을 두었으나 일찍 죽어, 막냇동생 동도의 아들 함수(咸遂)로 뒤를 이었다. 함수는 한성참군 증 통정대부 좌승지 겸 경연참찬(漢城參軍贈通政大夫左承旨兼經筵參贊)을 지냈다.

조수도는 어릴 때부터 지혜와 재능이 출중했으며, 자라면서 문장이 아름답고 풍부해 문단에 이름이 있었다고 한다. 과거에 여러 번 응시했으나 입격(入格)하지 못했는데, 유필영(柳必永)은 조수도의 〈묘갈명〉에서 "약관(弱冠, 20세)에 과거에 나아가 간이(簡易) 최 공(崔公, 최입)이 주시관(主試官)으로 장차 으뜸으로 발탁하고자 했으나 남에게 시권(試券)을 절취당해 일을 이루지 못했다. 이로부터 드디어 과거로 영달하는 길에 뜻을 두지 않고 마음을 오로지한 것은 모두 가까이 있는 일에 충실히 하는 것이었다"[259]라 적고 있다.

조수도는 퇴계(退溪) 이황(李滉, 1501~1570)의 학통을

---

259) 유필영(柳必永), 〈묘갈명(墓碣銘)〉, "弱冠赴擧, 簡易崔公, 爲主試, 將魁擢, 人有竊劵而事不諧, 自是, 遂絶意榮道, 專心皆近裏事也".

잇는다고 할 수 있다. 그의 스승은 유일재(惟一齋) 김언기(金彦璣, 1520~1588)인데, 바로 이황의 문인이기 때문이다. 〈유적비문〉에서 정환국(鄭煥國)은 "아우 준도(遵道)와 함께 유일재(惟一齋) 김 선생(金先生, 김언기)의 문하에 나아가서 스승으로 모시고 위학(爲學)의 지결(旨訣)을 많이 들었으며, 나란히 스승의 교훈을 가슴에 품고 부지런히 힘썼다"260)라고 했으며, 1588년의 일기에는 "유일재(惟一齋) 선생의 부음을 듣고, 제물을 갖추고 가서 곡을 하고 돌아왔다"261)라고 기록하고 있다. 아울러 1592년 2월 4일 자 일기에는 다음과 같이 기록하고 있다.

길을 나서서 김 상사[金上舍, 김언기(金彦璣)를 말함]의 무덤 아래서 말에서 내려 절을 올렸다. 곧 내가 어린 시절 수학한 선생으로 당시 가야촌(佳野村)에 살고 계셨다. 큰 재주를 깊이 쌓았지만 뜻을 얻지 못해 후진(後進)들을 가르치는 것을 자신의 임무로 삼았다. 잠시 서성거

---

260) 정환국(鄭煥國), 〈유적비문(遺蹟碑文)〉, "與弟遵道, 贊謁惟一齋金先生門, 益聞爲學旨訣, 聯狀征邁, 服膺勉孜".
261) 조수도(趙守道), 《신당일록(新堂日錄)》 1588년 2월 28일 조, "承聞惟一齋先生訃, 具奠往哭而返".

리니 선생의 경계하는 말씀이 들리는 듯했다.[262]

이로써 우리는 그가 스승에 대해서 어떤 생각을 갖고 있었는지를 바로 알 수 있다. 조수도가 김언기에게서 들은 학문의 지결은 '충신(忠信)'이었다. 이 때문에, "충신(忠信)을 그의 띠에 써서 경계하고 두려워했으니, 곧 《논어》의 참형(參衡)이다"[263]라고 기록할 수 있었다. '참형'은 《논어》 〈위영공(衛靈公)〉에 나오는 말로 자장의 행(行)에 관한 질문에 공자의 답변으로 제출된 것이다. 즉, 충성스럽고 믿음직한 말과 도타운 행동을 강조한 것이다. 이로써 우리는 그의 학문의 요체가 실천에 있다는 것을 알게 된다.

김언기를 통한 퇴계학과의 만남은 도산 서원과 청량산 유람 과정에도 잘 나타난다. 조수도는 1592년 2월 3일부터 14일간 도산 서원과 청량산 일대를 유람한다. 이 유람은 자형 오봉(梧峯) 신지제(申之悌, 1562~1624)가 선성(宣城, 예안)의 현감으로 있었기 때문인데, 그에 대한 방문 형식으

---

262) 조수도, 《신당일록》, 1592년 2월 4일 조, "路出, 金上舍墓下, 下馬展拜, 乃吾童年受學先生, 而居于佳野村, 蘊大才, 不得志, 以訓誨後進, 爲己任焉. 移時彷徨, 如承警咳".
263) 유필영, 〈묘갈명〉, "忠信其書紳而戒懼, 乃參衡也".

로 이루어졌다. 이때 그는, "선생께서 평소 물러나 기거(起居)하시던 곳을 두루 살펴보니, 선생의 침석(枕席)·궤연(几筵)·청려(靑藜)·투호(投壺)·연적(硯滴) 및 벽 사이의 도서(圖書) 등이 완연히 어제 같았다. 손을 맞잡고 늠름한 모습을 공경히 상상하노라니 따뜻한 훈계의 말씀을 듣는 듯했다. 선생은 참으로 돌아가셨지만 돌아가신 것이 아니었다"264)라고 기록해 두고 있다.

조수도는 유가의 윤리에 입각한 충효와 우애에 남달랐다. 임진왜란이 일어나자 양친을 업고 협곡으로 피난하면서, 두 아우 형도(亨道)와 동도(東道)를 곽재우(郭再祐, 1552~1617)의 의병진으로 보내면서, "임금의 수레가 파천(播遷)해 초야에 계시는데 어찌 차마 앉아서 보기만 하겠느냐? 전쟁에 나아가 용맹하게 싸우는 것 또한 효도이니 가서 힘쓰도록 해라. 충효(忠孝)로 이름난 우리 집안의 명성을 더럽히지 말도록 해라"265)라고 했다고 한다. 마침내 충효를 함

---

264) 조수도, 《신당일록》 1592년 2월 9일 조, "周覽先生平日所嘗遯棲之地, 則先生枕席·几筵·靑藜·投壺·硯滴, 及壁間圖書, 宛然如昨. 拱袖欽想, 凜凜, 若穩承警訓, 先生, 眞所謂死而不死也".
265) 정환국, 〈유적비문〉, "大駕播遷, 雖在草茅, 豈忍坐視? 戰陣有勇, 亦孝道, 往勉哉! 無忝忠孝家聲也".

께 온전히 하기 위함이었다.

그의 효성은 일기 곳곳에서 나타난다. 예컨대, 아버지가 낙마해 다리를 다쳐 피가 맺히고 종기가 생겨 낫지 않자, 그가 입으로 종기를 빨아 낫게 한 일이 있었다. 1591년 3월 15일의 기록에, "들어가 아버님을 뵙고 문후(問候)했더니 전날 다친 곳에 피가 맺히고 종기가 생겨 의약(醫藥)으로 낫지 않았다. 이 때문에 여러 번 종기를 빨았더니 차도가 있었다. 경달(景達, 조형도) 또한 김산(金山, 김천)으로부터 이미 돌아와서 함께 10여 일을 모시었다. 다시는 염려가 없을 듯하니, 그간 근심을 끼쳐 드린 것을 어찌 말로써 다하겠는가?"[266]라고 했다. 그의 효성을 바로 이해할 수 있는 부분이다.

조수도의 우애 역시 다양한 곳에서 나타난다. 그 가운데 1588년 1월에 아우 조형도와 함께 서울로 과거를 보러 가게 되었을 때, 조형도는 신병(身病)으로 괴로워했다. 이에 그는 민감하게 반응하며 기록으로 남긴다. "다만 아우가 새벽부터 우연히 귓병을 얻어 마음으로 몹시 걱정스러웠다"(1588. 2. 7),[267] "아우의 병세가 어제부터 더욱 극심해져서 인사불

---

266) 조수도, 《신당일록》 1591년 3월 15일 조, "入拜親候家君, 以前日所傷, 結血成腫, 醫藥不利, 故累吮得差. 景達, 亦自金山已還, 偕侍旬餘, 無復後慮, 而這間貞懊, 曷以口旣".

성(人事不省)이었다. 의약(醫藥)을 써 보았지만 아무런 효험이 없었다. 1000리 먼 길의 나그네가 되어 근심과 걱정을 누구와 더불어 풀어 볼까! 베개 하나로 어깨를 나란히 해서 베고 있노라니 수만 가지 생각만 더할 뿐이구나"(1588. 2. 20),[268] "아우의 병은 이미 차도가 있어 참으로 다행이다"(1588. 2. 26)[269] 등 허다한 기록이 그것이다. 아우의 병에 대한 자세한 기록은 오히려 그의 아우에 대한 우애를 방증하는 것이라 하겠다.

조수도는 충효와 우애를 기반으로 한 전통적 유가 지식인이다. 이를 바탕으로 그의 꿈을 실현하기 위해 많은 노력을 기울였다. 퇴계학을 기반으로 해서 학문하는 일, 과장에 들어 시험에 응시한 일, 충효와 우애를 실천하기 위해 노력한 일 등이 모두 그것이다. 그러나 그는 1593년(선조 26)에

---

267) 조수도, 《신당일록》 1588년 2월 7일 조, "但舍弟 自曉偶得耳苦 心切悶慮".
268) 조수도, 《신당일록》 1588년 2월 20일 조, "舍弟之病, 自昨又轉極, 不省人事, 因醫藥之, 竟無分效. 作客遠地千里, 悶愁, 孰與解之. 騈肩一枕, 只增千慮".
269) 조수도, 《신당일록》 1588년 2월 26일 조, "弟病, 已得向差, 多幸多幸".

29세의 나이로 세상을 떠나고 만다. 이에 대해 유필영(柳必永)은 그의 〈묘갈명〉에서, "그 하늘에서 품부한 것은 풍부하나 그 수명은 인색했으니 이것은 무엇 때문인가?"[270]라며 탄식해 마지않았다. 사후 그는 통훈대부(通訓大夫) 사복시정(司僕寺正)에 증직(贈職)되었다.

《신당일록》은 어떤 책인가?

《신당일록》은 함안 조씨 문중에서 내려오던 것이다. 이 일기의 후지(後識)는 1988년 12월 후손 조용발(趙鏞祓)이 쓴다. 그는 이 글에서, "동강[東崗, 조국제(趙國濟)] 공이 타계하시기 수일 전에 그 집에 장서(藏書)하고 있던 고본(古本) 한 책을 옷깃을 여미고 받들어 읽었으니 신당 선조(新堂先祖)의 일기였다"라고 하면서 동강(東崗) 조국제(趙國濟, 1906~1987)와 상의해 인행을 결심했다고 한다. 이렇게 해서 1987년 가을에 추모정에서 종중의 모임이 있었고, 조일래(趙一來)의 번역으로 장병규(張炳逵)의 서문을 받아 1989

---

270) 유필영, 〈묘갈명〉, "豊其賦而嗇其年, 玆曷故焉".

년 1월에 추모정(追慕亭) 발행, 세신인쇄소(世信印刷所) 인쇄로 세상에 내놓게 되었던 것이다. 서문을 의뢰한 사람 역시 조용발과 조일래였다.

《신당일록》의 원본은 문중에 현존한다. 1987년 발행한 《신당일록》은 필사본으로 원본을 정서·번역한 것이며, 5침(針)의 고서 행태로 새롭게 편철했다. 표제는 '신당일록단(新堂日錄 單)'으로 되어 있고, 총 102장이다. 사주쌍변(四周雙邊)[271], 유계(有界)[272], 상어미(上魚尾)[273]는 화문어미(花紋魚尾)이며, 하어미(下魚尾) 자리에는 선만 있다. 판심[274]은 백구(白口)이며, 판심제(版心題)[275]도 표제와 같

---

[271] 사주쌍변(四周雙邊) : 판의 사방을 둘러싼 굵은 선 안쪽에 가는 선이 하나 더 있어 쌍선(雙線)을 이루고 있는 형태다.
[272] 유계(有界) : 간인본(刊印本)의 형태 기술에서 줄과 줄 사이에 선이 있는 것을 말한다.
[273] 상어미(上魚尾) : 판심(版心)에 대칭되어 있는 물고기 꼬리 모양으로 된 것이 어미(魚尾)인데, 상어미는 판심의 상단에 위치하고 하어미는 판심의 하단에 위치한다. 어미 가운데 꽃무늬 모양을 특별히 화문어미(花紋魚尾)라 한다.
[274] 판심(版心) : 책장의 가운데를 접어서 양면으로 나눌 때 그 접힌 가운데 부분.
[275] 판심제(版心題) : 판심(版心)에 표시된 책의 이름.

이 '신당일록(新堂日錄)'으로 표기되어 있다. 반곽(半郭)[276]의 크기는 24.2×17.5센티미터, 반엽(半葉)[277]은 10행(行) 18자(字)다.[278]

조수도가 젊은 나이에 요절했고, 그가 남긴 작품 역시 모두 갈무리되지 못했다. 이 때문에 장병규(張炳逵)는 서문에서 "다행스럽게도 공이 어릴 때 동생과 함께 과거를 보러 갈 때 쓴 기행문 한 편이 백겁의 오랜 비바람 속에서 겨우 보존되었으니, 거기에는 진실하고 거짓이 없어 참으로 덕 있는 사람의 말이 적혀 있었다. 이것은 고기 한 점으로 온 솥 안의 맛을 아는 것이며, 하나의 깃털로 상서로운 봉황의 색채를 모두 아는 것이라 할 만하다"[279]라고 했던 것이다. 이제 본 번역 대

---

276) 반곽(半郭) : 책장의 사방을 둘러싼 검은 선을 광곽(匡廓)이라 하는데, 반곽은 광곽의 반쪽을 말한다.
277) 반엽(半葉) : 책장의 반쪽.
278) 현전하는 정사・번역본《신당일록》은 각 작품마다 원문을 먼저 싣고 번역문을 각 작품의 뒤에 실었다. 번역문은 국한문 혼용체로 원문보다 한 자 낮게 필사했다. 주석은 번역문 뒤에 붙여 두었는데, 불명확한 부분은 빈칸으로 두었으며 오류도 더러 보인다.
279) 장병규(張炳逵), 〈신당일록 서문(新堂日錄序)〉, "惟幸 公之年少時, 與弟赴擧之紀行一篇, 僅保於百劫風雨之餘, 純實無僞, 儘有德之言也. 可謂 一臠而知全鼎之味, 片翎而知瑞毛之彩".

본이 지닌 몇 가지 특징과 함께 한계를 지적하기로 한다.

첫째, 《신당일록》은 그 기록 형식이 매우 다양하다. 일기는 특기하는 형식으로 이루어져 있으며, 크게 보아 23개의 기간을 중심으로 기록의 단위가 구성되어 있다. 그러나 그 길이는 매우 다르다. 즉, 1591년 7월 3일 일기처럼 하루만 기록하는 당일형(當日型)이 있는가 하면, 1592년 2월 3일의 일기처럼 처음에는 구체적인 월일을 제시하지만 다음 날부터는 일익(翌日)의 형식으로 14일간을 지속적으로 기록해 나가기도 한다. 이러한 형식을 익일형(翌日型)이라 할 수 있을 것이다.

일기의 기본형은 날짜를 날마다 기록하는 방식일 것인데, 이를 준수하기도 한다. 임란 체험을 기록한 1592년 4월 6일부터 8월 30일까지의 기록이 그것인데, 이를 월일형(月日型)이라 하자. 이 밖에도 여러 날을 한꺼번에 축약해서 기록하는 경우도 있다. 1591년 11월 8일의 기록에서 보듯이, "지난 11월 초8일, 여러 숙부님께 인사를 드리고 이틀간 머물렀다. 또 다음 날 기제사를 지내고 닷새간 머물렀다. 또 그다음 날 강을 건너 돌아왔다"[280]라며 8일간의 기록을 한

---

280) 조수도, 《신당일록》 1591년 11월 8일 조, "越十一月初八日, 越向咸安, 拜僉叔主, 留二日. 又翌日, 過行忌祭, 留五日, 又明日渡江還".

꺼번에 축약해 기술한다. 이를 축약형(縮約型)이라 할 수 있을 것이다. 이를 표로 제시하면 다음과 같다.

순번	기록 시작	기록 끝	기록 일수	기록 형식
1	1588. 1. 28.	1588. 2. 28.	30일간	익일형
2	1590. 6. 10.	1590. 6. 27.	18일간	익일형
3	1591. 1. 6.	1591. 1. 15.	10일간	익일형
4	1591. 2. 6.	1591. 2. 8.	3일간	익일형
5	1591. 2. 26.	1591. 2. 26.	1일간	당일형
6	1591. 3. 6.	1591. 3. 15.	10일간	익일형
7	1591. 윤3. 6.	1591. 윤3. 8.	3일간	익일형
8	1591. 윤3. 26.	1591. 윤3. 28.	3일간	익일형
9	1591. 4. 2.	1591. 4. 9.	8일간	익일형
10	1591. 5. 21.	1591. 5. 23.	3일간	익일형
11	1591. 6. 26.	1591. 6. 28.	3일간	익일형
12	1591. 7. 3.	1591. 7. 3.	1일간	당일형
13	1591. 7. 29.	1591. 8. 2.	4일간	익일형
14	1591. 10. 22.	1591. 10. 26.	5일간	익일형
15	1591. 11. 8.	1591. 11. 15.	8일간	축약형
16	1591. 11. 26.	1591. 11. 30	5일간	축약형
17	1591. 12. 22.	1591. 12. 24.	3일간	축약형
18	1592. 1. 1.	1592. 1. 5.	5일간	익일형
19	1592. 1. 11.	1592. 1. 15.	5일간	익일형
20	1592. 2. 3.	1592. 2. 16.	14일간	익일형
21	1592. 4. 6.	1592. 8. 30.	23일간	월일형
22	1592. 9. 19.	1592. 9. 29.	11일간	익일형
23	1592. 9. 28.	1592. 9. 29.	2일간	익일형

이 조사에서 보듯이 《신당일록》은 1588년 1월 28일에서 1592년 9월 29일까지의 기록이다. 도합 178일간을 기록한 것이다. 그러나 이 178일이 정확한 것은 아니다. 왜냐하면 1592년 9월 19일부터 익일의 형식으로 1592년 9월 29일까지 기록하고, 다시 '입팔일(卄八日) 야(夜)'로 이어지는 곳이 있어 날짜가 정확하게 일치하지 않는 경우가 있기 때문이다. 기록의 형식은 익일형 17회, 축약형 3회, 당일형 2회, 월일형 1회로 나타난다. 월일형은 가장 적지만 비교적 긴 기간인 23일 동안을 기록하고 있는데 전쟁의 기록을 사실적으로 남기고자 하는 조수도의 의식이 작동한 결과다.

《신당일록》은 당일에 바로 기록한 것도 있지만 대부분 기억에 입각해 기록한 것이다. 이는 당일형이나 월일형보다 익일형이 압도적으로 많은 이유이기도 하다. 우리는 여기서 1592년 1월 11일의 기록을 주목할 필요가 있다. 조수도는 이날의 일기에서, "이달 11일, 청송을 향해 출발하려고 하니"라고 했다. '이달 11일(是月十一日)'의 '이[是]'는 지난날과 구분하기 위해 쓴 것으로 보인다. 이를 기준으로 그 이전은 예외 없이 '지난[越]'으로 시작하기 때문이다. '지난 무자년 정월(越戊子正月)', '한 해 지난 신묘년(越翌年辛卯)', '3월 초(越三月初)' 등이 모두 그것이다.[281]

둘째, 《신당일록》에는 조수도의 일기 외에도 그의 시 두 수가 독립적으로 실려 있다. 이는 이 자료가 일기를 중심으로 이루어졌지만, 조수도의 문집을 대신하고 있음을 의미한다. 흔히 일기에 시가 많이 등장하듯이, 조수도의 경우도 다르지 않았다. 다만 실제로 작품을 많이 남기지는 않았다. 즉, 1592년 2월 12일 조에서처럼 "암자 앞에는 청풍대(靑風臺)가 있어 바람을 쐬고 시를 읊조리며 소요하다가 아침밥을 먹고 제군들과 함께 산인의 시축(詩軸)에 각자 차운했는데, '농(哢)'자 운이었다"[282]라고만 하고 있기 때문이다. 이렇게 기록하면서도 필요한 경우 당시 지었던 시를 제시하기도 했다. 7언 절구 1수, 5언 율시 1수, 7언 율시 1수가 그것이다.

일기에서 소개한 시 이외의 시는 두 수다. 5언 율시 〈순부와 함께 도산으로 가며(與順夫向陶山)〉와 7언 절구 〈청량산에서 제공과 함께 술잔을 나누며(淸凉山與諸公相醻韻)〉

---

[281] 그렇다면 1592년 1월 11일 이후는 어떠한가? 몇 가지의 경우를 제외하면 기록한 날짜 앞에 '지난[越]'이라 일컫지 않는다. 즉, '2월 초3일(二月初三日)', '여름 4월 6일(夏四月六日)', '초8일(初八日)', '19일(十九日)' 등으로 나타내며, 오히려 구체적인 날짜를 매일 적는 월일형을 선호한다는 것이다.

[282] 조수도, 《신당일록》 1592년 2월 12일 조, "庵前有靑風臺, 逍遙詠風, 因作朝飯, 與諸君, 各次山人詩軸, 哢字韻云云".

가 그것이다. 제목에서 바로 알 수 있듯이 이 두 수의 시는 1592년 2월 3일부터 14일간 도산 서원과 청량산을 유람하면서 지은 것이다. 칠원의 숙부 조방(趙垹)을 배행하는 형식으로 이 유람은 이루어졌지만, 이황의 유적을 찾아보는 것은 그의 오랜 소망이기도 했기 때문이다. 1592년 2월 11일에 청량산 연대사(蓮坮寺)에 올라 지은 경우를 보자.

> 구름 기운은 멀리 축융봉에 이어져 있으니
> 천공은 마땅히 세속 선비의 유람을 꾸짖겠지
> 선생의 참된 정취를 어디에서 본받을까
> 산은 스스로 높고 물은 길이 흐르는 것을

> 雲氣遙連祝融峯　天公應呵俗士遊
> 先生眞趣何處倣　山自峨峨水長流[283]

이 시를 일기에서는 기구와 승구 두 구만 제시하고 있다. 조수도는 이 시에서 신선의 경계에 들어온 듯한 청량산의 분위기 속에서 청량산을 제자들과 함께 올랐던 선생, 즉 이

---

283) 조수도, 《신당일록》 1592년 2월 11일 조 일기에는 기구와 승구만 제시되어 있다.

황의 참된 정취를 본받고자 했다. 이 밖에도 신지제와 도산 서원을 향하면서 〈순부와 함께 도산으로 가며(與順夫向陶山)〉를 지어 이황에 대한 존모를 숨기지 않고 드러냈다. "기상은 영지산(靈芝山)처럼 우뚝하고, 남긴 향기는 절우사(節友社)에 그윽하다네"[284]라고 한 것이 그것이다. 《신당일록》에서 두 편의 시를 독립해 제시하고 있지만, 현재 전하는 그의 시는 일기 속에 포함되어 있는 것을 합하면 도합 5수에 지나지 않는다.

셋째, 《신당일록》에는 조수도의 추모 사업과 관련한 글도 여러 편 실려 있다. 〈추모정상량문(追慕亭上梁文)〉(조성락), 〈추모정기(追慕亭記)〉(신관조), 〈묘갈명(墓碣銘)〉(유필영), 〈유적비문(遺績碑文)〉(정환국), 〈추모정운(追慕亭韻)〉(조성길 등)이 그것이다. 이들 제목을 통해 알 수 있듯이 조수도를 기리기 위한 추모정을 세우면서 창작한 상량문, 기문, 시운 등이다. 나머지는 〈묘갈명〉과 〈유적비문〉으로 조수도의 삶과 그 유적을 기념하기 위한 것이다. 이 가운데 〈추모정운〉은 활자화해 번역하지 않고 초서로 된 시판

---

284) 조수도, 《신당일록》, 〈순부와 함께 도산으로 가며(與順夫向陶山)〉, "氣像靈芝屹, 遺芬友社幽".

(詩板)을 사진 그대로 실었다. 이 가운데 한 수를 들어 보면 다음과 같다.

> 느지막이 와 우러러보니 강 머리는 저무는데
> 혼령은 선연하고 물만 절로 흐르네
> 가까이로 소나무 가래나무 바라보며 무덤을 보호하고
> 멀리로는 원림 서로 바라보며 자손들이 머물고 있네
> 백록 서원의 규모 갖추어 풍치 이미 높으니
> 흑룡의 눈물인 듯 비는 그치지 않네
> 세상의 가득한 먼지 속에서 정자가 홀로 서 있으니
> 한 구역의 세월은 노나라 춘추같이 정대하네

> 晩來依仰暮江頭　如在洋洋水自流
> 松梓近瞻邱壟護　園林相望子孫留
> 白鹿規模風已尙　黑龍涕淚雨靡收
> 滿世塵埃亭獨立　一區日月魯春秋285)

이 시는 조수도의 9대손인 조성길(趙性吉)이 1912년 1월에 지은 것인데, 선조 조여의 〈유두(流頭)〉 운을 활용한 것

---

285) 조수도, 《신당일록》 장(張) 101.

이다. 제목은 〈삼가 어계 선조의 〈유두(流頭)〉 운을 써서 느꺼운 마음으로 추모정에 게시함(謹用漁溪先祖流頭韻 感揭于追慕亭)〉이다. 이 시에서는 추모정을 건립한 까닭을 설명하고 있다. 즉, 자손들이 학문을 닦는 공간이면서 동시에 제사를 통해 조상들을 추모하자는 것이다. 〈추모정운(追慕亭韻)〉은 조성길 외에도 조용택(趙鏞澤), 신관조(申觀朝), 심능규(沈能圭), 조능호(趙陵祜), 조성락(趙性洛)의 것이 더 있다. 이들 가운데 조성락과 신관조는 각각 상량문과 기문을 짓기도 했다.

이 밖에도 《신당일록》에는 '신당(新堂)'이라는 현판과 함께 '추모정(追慕亭)' 현판을 권두에 싣기도 하고, 권미에는 〈후지(後識)〉를 두어 이 책이 만들어진 과정을 제시했다. 그러나 이 책은 많은 한계를 지니고 있다. 우선 원문을 잘못 정사한 것도 있을 뿐만 아니라, 오역이 다수 발견되며, 번역문 또한 현대 한국어 문법에 맞지 않는 경우가 있다. 그리고 주석을 달았지만 많은 부분은 비워 둔 상태다. 이러한 까닭에 조용발은 〈후지〉에서, "부족한 점은 뒷날 붓을 잡은 사람이 수정하기를 바라며, 인행 후기(印行後記)를 쓴다"라고 했다. 이는 본 국역서를 새롭게 기획한 이유이기도 하다.

《신당일록》의 주요 내용

　조수도의 《신당일록》은 일기가 중심을 이룬다. 두 수의 시가 새롭게 제시되어 있기는 하지만, 그 가운에 한 수는 일록에 이미 일부 소개되어 있기도 하다. 그리고 조수도를 기리기 위한 추모정 상량문과 기문 등 몇 편의 글이 있지만, 그것은 조수도 본인의 글이 아니다. 이러한 점을 고려한다면 이곳에서는 일기의 내용을 중심으로 따져 보는 것이 합당하다. 조수도의 일기를 주요 내용 별로 묶어 보면 크게 네 가지 범주로 존재한다. 과거(科擧)와 관련한 일, 가문을 중심으로 한 향촌의 일상사, 도산 서원과 청량산 유람, 임진왜란에 대한 대응이 그것이다. 이를 차례대로 살펴보자.
　첫째, 과거와 관련한 일이다. 과거로 발신해 가문을 일으키고자 하는 것은 모든 사대부들의 꿈이다. 조수도 역시 마찬가지였다. 《신당일록》은 1588년 1월 28일부터 시작하는데, "지난 무자(戊子 : 1588, 선조 21)년 정월 28일,[286] 아우

---

286) 무자(戊子)년 정월 28일 : 1588년 1월 28일, 당시 조수도의 나이 24세다. 월일은 모두 음력으로, 이하 모두 같다.

경달(景達)과 함께 회시(會試)를 보기 위해 양친과 이별하고 새벽밥을 먹고 길에 올랐다. 산인(山人) 학명(學明) 또한 따라왔다"287)라 한 것이 그것이다. 이렇게 해서 회시(會試)에 참여하기 위해 서울행 길에 오르게 되고, 이에 따른 30일간의 기록을 남긴다. 그리고 군위 과장(科場)에도 참여한다. 이에 대해서는 1591년 3월 6일부터 10일간의 기록을 남긴다. 이와 관련한 자료를 제시하면 다음과 같다.

(가) 다음 날 새벽 아우의 병든 몸을 부축해 과장에 들어갔다가 저물녘에 나왔다. 부제(賦題)는 〈앵두를 올리다(薦櫻桃)〉였다.288)

(나) 다음 날 일찍 시험장에 들어가니 부제(賦題)는 〈홀의 주머니(笏囊)〉였고 시제(詩題)는 〈편지를 가는 길에 보내 생사를 알아보네(帛書間道訪存亡)〉였다. 경시관(京試官)은 신숙(申熟), 부시관(副試官)은 진주목사 최

---

287) 조수도, 《신당일록》 1588년 1월 28일 조, "越戊子正月二十八日, 與舍弟景達, 發會試行, 辭別二候, 蓐食登道, 山人學明, 亦隨焉".
288) 조수도, 《신당일록》 1588년 2월 16일 조, "舍弟扶病入場, 乘暮而出, 賦題薦櫻桃也".

입(崔岦), 그 아래는 창원부사 장의국(張義國)이었다. 비가 많이 내려 저물녘에 나왔다.[289]

(가)는 1588년 2월 16일 서울 과장에 대한 기록이고, (나)는 1591년 3월 12일 군위 과장에 대한 기록이다. 특히 (나)에서는 당시의 시관이 누구였는지도 자세하게 밝히고 있다. 조수도는 과제(科題)에 대해 특별한 관심을 가졌는데, 김천에서 과거를 보고 오는 함안의 박오(朴旿)를 만나 과제를 묻고 이를 특기해 두기도 한다. "말을 현풍성(玄風城) 가에서 먹이는데 갑자기 함안에 사는 박오(朴旿)를 만났으며 김산(金山, 김천)에서 오는 길이었다. 그곳의 부제(賦題)는 〈옷을 갖고 가서 자수하다(持衣自首)〉였고, 시제(詩題)는 〈길이 즐거움을 누리는 노인(長樂老)〉이었다"[290]라고 한 것이 그것이다. 과거에 대한 관심을 가장 직접적으로 드러내고 있는 부분이라 하지 않을 수 없다.

---

289) 조수도,《신당일록》1591년 3월 12일 조, "翌曉入場, 賦題, 笏囊也, 詩題, 帛書間道訪存亡也. 京試官, 申熟也, 副試官, 晉牧崔岦也, 其下, 昌原府使, 張義國也. 雨勢大作, 乘昏乃出".
290) 조수도,《신당일록》1591년 3월 15일 조, "秣馬玄風城底, 忽逢咸安居朴旿, 則亦自金山歸來, 而賦題, 持衣自首也, 詩題, 長樂老也".

둘째, 가문을 중심으로 한 향촌의 일상사도 다양하게 기록하고 있다. 생육신의 한 사람인 조여로부터 함안에 세거하게 된 함안 조씨는 조여의 손자 조연이 청송의 진사 조치당(曺致唐)의 딸인 창녕 조씨(昌寧曺氏)에게 장가들면서 1525년(중종 20)경 청송의 안덕으로 옮겨 살게 된다. 이로부터 이들은 함안과 청송 사이를 오가며 다양한 활동을 한다. 조수도 역시 마찬가지였다. 1591년 1월 6일처럼 아버지를 모시고 아우 준도와 함께 10일간 함안으로 가기도 하고, 1591년 2월 6일부터 쓴 3일간의 기록에서 보듯이 함안에서 다시 청송 안덕으로 돌아오기도 한다. 이러한 과정에서 그들의 일상사를 자연스럽게 기록할 수 있었던 것이다.

> 다음 날 아침밥을 먹고 천천히 나루에 이르러 말을 먹이고, 숙부를 모시고 경달(景達, 조형도)과 함께 양영대(養靈臺) 아래로 배로 띄우고자 하니 준도(遵道) 또한 따라왔다. 노를 저으려 하니 주여장(周汝長, 주익창) 군이 정자에서 줄을 풀어 주었다. 대 위에 올라가 조망했는데 돌아가는 것이 더디다는 것도 깨닫지 못하고, 시 한 수를 읊었다. 술잔을 기울여 숙부님과 작별하고 천천히 광계(廣溪)에 도착했다. 이날 밤 박연세(朴延世), 이당(李瑭), 유여해(兪汝諧)가 술을 가지고 와서 아버님을 위로

했다. 매우 감사했다.[291]

위는 1591년 4월 3일의 기록이다. 당시 조수도는 아버지를 모시고 함안에서 청송으로 가고 있는 중이었다. 이 과정에서 그는 양영대 아래 배를 띄우고 자연을 감상하면서 함안의 여러 숙부들과 이별한다. 박연세 등이 술을 들고 와서 그의 아버지를 위로하는 장면도 나온다. 이러한 봉별의 기록은 물론이고 분주하게 보내는 세모의 풍경, 오운·이정·이칭 등 다양한 사람들과 회합하는 장면, 여러 벗들과 술을 마시거나 시를 짓는 모습 등 사대부로서의 일상이 기술되어 있다. 이를 통해 우리는 당대 선비 계층의 새로운 모습을 충분히 이해할 수 있게 된다.

셋째, 도산 서원과 청량산 일대에 대한 유람을 기록하고 있다. 조수도는 임진왜란이 일어나기 직전인 1592년 2월 3일부터 14일간 자형 신지제 등과 함께 도산 서원과 청량산 일대를 유람한다. 칠원(漆原) 숙부 조방(趙埄)의 방문으로

---

291) 조수도, 《신당일록》 1591년 4월 3일 조, "翌日, 因作朝飯, 徐行到津, 秣馬, 侍叔父, 携景達, 泛舟於釀靈臺下, 遵道, 亦隨之. 移棹, 周君汝長, 亭下解纜. 登眺不覺歸遲, 因吟一絶, 酌送叔主, 徐到廣溪. 是昏, 朴延世·李䩨·兪汝諧, 以酒來慰家君, 多感".

이 여행은 시작되었다. 당시 조수도가 배행했고, 아우 조준도와 서숙 월년(月年)도 따라왔다. 마침 당시에는 조수도의 사형으로 그와 뜻이 계합했던 신지제(申之悌)가 선성현감으로 봉직하고 있었던 터였기 때문에 이들의 유람은 매우 용이했다. 당시 이들의 유람 코스를 들어 보면 다음과 같다.

청송 안덕(1592. 2. 3) → 금소역 → 여강 서원(2. 4) → 비암 → 온계(2. 6) → 애일당(2. 9) → 도산 서원 → 월명담(2. 10) → 고산 → 연대사 → 중대암(2. 11) → 고도암 → 보문암 → 금탑봉 → 치원암 → 극일암 → 풍혈대 → 안중암 → 화암암 → 상·하청량암 → 동암 → 경일암 → 경일봉 → 김생굴 → 대승암 → 문수암(2.12) → 몽상암 → 기효암 → 만월암 → 백운암 → 자소봉 → 연적봉 → 진불암 → 경암(2. 13) → 마점(2.15) → 청송 안덕(2.16)

조준도 일행은 이처럼 도산 서원과 청량산 일대를 유람한다. 도산 서원으로 가면서 5언 율시 〈순부와 함께 도산으로 가며(與順夫向陶山)〉를 짓기도 한다. 특히 도산 서원 상덕사(尙德祠)에 제향되고 있는 이황을 알묘하고, 침석과 궤연 등 이황이 직접 사용하던 유물은 물론이고, 유정문과 정우당 등 그의 유적도 자세하게 살펴보았다. 농암의 종손(從

孫) 이번(李蕃)과는 천연대 위에서 술을 마시면서 〈도산가〉를 소리 높여 노래 부르기도 했다.

조수도 일행은 도산 서원을 관람한 후 고산을 거쳐 청량산으로 들어갔다. 그가 유람한 곳은 이름을 빠뜨리지 않고 기록하고자 했으며, 시간이 허락하지 않아 미처 돌아보지 못한 곳은 이름만이라도 기록해 두었다. "오르지 못한 곳은 필봉(筆峯), 선학봉(仙鶴峯), 사자암(獅子庵), 자비암(慈悲庵), 향로봉(香爐峯), 연화봉(蓮花峯), 내장인(內丈人), 외장인(外丈人), 상대암(上臺庵), 상초암(上楚庵), 동초암(東楚庵), 동수암(東秀庵), 축융봉(祝融峯), 금강굴(金剛窟)이었다"292)라고 한 것이 그것이다. 거의 남아 있지 않기는 하지만 조수도는 청량산 곳곳에서 시를 지었고, 그가 청량산을 떠나올 때는 '가인(佳人)과 이별하는 듯'하다며 열 걸음에 아홉 번을 돌아본다고 했다.

넷째, 임진왜란을 맞아 어떻게 대응했는지도 기록했다. 이에 대해서는 1592년 4월 6일부터 23일간, 1592년 9월 19일부터 11일간의 기록으로 나누어진다. 전자는 청송에서의

---

292) 조수도, 《신당일록》 1592년 2월 12일 조, "所未登陟者, 筆峯·仙鶴峯·獅子庵·慈悲庵·香爐峯·蓮花峯·內丈人·外丈人·上臺庵·上楚庵·東楚庵·東秀庵·祝融峯·金剛窟矣".

임란 대응이었다면, 후자는 전쟁의 와중에 함안으로 가서 가족들의 안부를 살피는 내용이었다. 이들 일기에서 가장 두드러진 특징은 23일간의 기록을 월일형으로, 즉 기록 날짜를 분명히 제시했다는 것이다. 이것은 임란이라는 자신의 특수 경험을 보다 분명하게 남기기 위한 조처라 하겠다. 조수도의 임란에 대한 대응은 한편으로 의병을 일으키고, 다른 한편으로 부모를 모시고 피란하는 것이었다. 의병과 관련해서 그는 이렇게 썼다.

> 지난 5월 그믐, 곽재우(郭再祐) 공이 의병소를 설치해 각 읍의 군장(軍將)을 모은다는 이야기를 들었다. 이때 아우 동도(東道)가 형도(亨道)를 따라 의진(義陣)에 들어갔다. 그러나 나는 어버이가 계셔서 차마 떠날 수 없었던 까닭에 울며 위로하면서, "어버이를 모시는 일은 오직 나에게 있으니 너는 걱정하지 마라. 나랏일은 오직 너에게 있으니 나의 뜻도 함께한다"라고 했다. 이로 인해 시를 읊조리며 위로하고 권면(勸勉)하며 아우를 보냈다.[293]

---

293) 조수도, 《신당일록》 1592년 5월 30일 조, "越五月晦日, 聞郭公再祐, 設義兵所, 招致各邑軍將. 時, 舍弟東道, 隨亨道赴義陣, 而以親在

이를 두고 후세 사람들은 조수도가 충효양전(忠孝兩全)을 이룩했다고 칭송한 바 있다. 신관조가 〈추모정기〉에서, "충효를 온전히 한 성심은 신명(神明)에 바탕을 둔 것이며 일월과 빛을 다툰 것이라 하겠습니다"294)라고 한 것이 바로 그것이다. 또한 조수도는 1592년 4월 13일 부산과 다대포 함락, 4월 16일 언양과 양산 함락, 4월 21일 방어사 이일의 도주, 4월 22일 충주 함락 등 다급한 전황 소식을 전하며, 양친을 창곡(唱谷), 회곡(檜谷) 등 안전한 곳으로 피신시키기도 한다. 이 과정에서 그는 의병 모집, 군량미 조달 등에 지대한 관심을 보이면서 관련 사실을 기록해 두었다.

　　《신당일록》에는 청년 조수도의 꿈과 고뇌가 간명한 언어로 기록되어 있다. 과장에 나아가 과거를 통해 현실에의 꿈을 실현하고자 했고, 함안과 청송을 오가며 가족 사랑을 실천했으며, 또한 도산 서원과 청량산을 여행하면서 학자의 진면목과 자연의 아름다움을 느꼈다. 임진왜란이 발발했을

不忍離, 故予泣而勞之, 曰親事惟我在, 汝勿慮, 國事惟汝, 偕吾所志. 因吟詩, 慰勉送弟".

294) 신관조(申觀朝), 〈추모정기(追慕亭記)〉, "得全忠孝誠心, 可以質神明, 爭日月".

때는 충효를 온전히 하기 위해 무척 노력하기도 했다. 이 과정에서 그는 사내아이를 낳아 기뻐하기도 했으나 한 해를 채우지 못하고 죽고 만다. 1592년 9월 29일의 일이다. 그의 일기 역시 여기서 끝이 난다. 더 이상 일기를 쓸 수가 없었던 것이다.

《신당일록》의 의미

조수도는 충효를 온전히 하며 과장에 나아가지만 여러 번 낙방했고, 28세에 자식을 하나 두지만 돌도 넘기지 못하고 세상을 떠난다. 그리고 임진년에 왜란이 일어나 양친을 모시고 이리저리 떠돌며 피신하는 등 천신만고 끝에 살아나지만, 그 자신은 1593년 29세의 나이로 요절하고 만다. 이에 대해 유필영(柳必永)은 조수도의 묘갈명에서, "하늘로부터 품부한 자질에, 성실한 공부로 힘을 다했다네. 아! 수명이 멀리까지 가지 못해, 품은 대업(大業)을 마치지 못했네"[295]라며 안타까워 마지않았다. 그렇다면 이러한 짧은 생애에

---

295) 유필영, 〈묘갈명〉, "有是天姿, 勉以實工, 嗟不遐壽, 志業未終".

남긴 그의 《신당일록》은 어떠한 의미가 있는가? 이를 몇 가지로 나누어 살펴보자.

첫째, 전통적 일기 쓰기 방식을 계승하면서도 개성적인 글쓰기를 시도하고 있는 점이다. 일기는 날마다 자신의 일과 경험을 개인적인 감각으로 기록하는 산문 양식이다. 그러나 전통적인 글쓰기 방식은 산문을 고집하지 않는다. 산문과 운문이 상호 교직되어 있기 때문이다. 《신당일록》 역시 이러한 방식대로 기술되어 있다. 실제적으로 완전한 형태의 시를 제시한 것은 세 수에 지나지 않지만, 그는 아름다운 자연을 만나거나 일상생활 속에서 특별한 경험을 하게 되면 시의 형식을 빌려 자신의 정서를 극대화했다. 일기 속에 나타나는 시를 지어 읊조렸다는 허다한 기록을 통해 이러한 사실을 확인할 수 있다.

조수도는 개성적 글쓰기 방식 역시 확보하고 있다. 앞서 살핀 대로 익일형(翌日型), 축약형(縮約型), 월일형(月日型), 당일형(當日型) 등으로 글쓰기 방식을 다각화하면서도, 자신의 일상을 하나의 단위로 설정해 익일형 글쓰기를 즐겼다. 즉, 과거를 보러 가거나 함양으로 길을 떠나면서 연월일을 먼저 제시하고 그 아래 일익(翌日)의 형태로 기록을 지속해 나갔던 것이다. 이러한 익일형 글쓰기를 중심에 두지만, 임진왜란이라는 특수 국면을 만났을 때는 이에 대한 구체적인 기록을 시간대별로 기록하기 위해 정확한 월일형 글쓰기로 전환한다. 이는 조수도의 글쓰기 방식이 매우 유연하다는 것을 의미한다.

사실의 집약적 전달과 확장적 전달을 동시에 하기도 한다. 길을 갈 때는 밥은 어디서 먹고, 말은 어디서 먹이며, 또한 잠은 어디서 자는가 하는 문제를 메모식으로 매우 간략하게 제시하는 데 그치지만, 특별한 경험이 있을 경우 이를 특기해 확장적 시술을 시도한다. 예컨대, 1591년 10월 24일 일기의 경우, '① 밤늦게 풍각에 도착하다, ② 어떤 노인이 호랑이와 표범 등이 있다며 넘지 못하게 하다, ③ 그 노인에게 재워 주기를 청하다, ④ 찬 데서 자면서 거의 잠을 이루지 못하다, ⑤ 양주가학(楊州駕鶴)은 성취할 수 없다는 것을 깨닫다' 등으로 비교적 상세하게 당시의 상황을 적는다.

둘째, 과거를 보러 서울로 올라가면서 그 노정을 구체적으로 제시하고 있다는 점이다. 영남 선비들의 과거 길 내지 과거에 대한 기록은 권상일(權相一)의 《청대일기(淸臺日記)》, 김영(金坽)의 《계암일록(溪巖日錄)》, 김택룡(金澤龍)의 《조성당일기(操省堂日記)》, 서찬규(徐贊奎)의 《임재일기(臨齋日記)》 등의 일기에서 다양하게 제시되어 있다. 조수도의 경우 청송의 안덕에서 시작해 문경의 조령을 넘어 서울로 가게 되는데, 그 노선과 지명을 매우 구체적으로 기록하고 있다. 1588년 1월 28일부터 30일 동안 아우 형도와 함께 오른 과거 길은 그 대표적이다. 당시의 구체적인 노정을 그는 다음과 같이 제시했다.

청송 안덕(1. 28) → 의성 서촌 → 의성 비안(1. 29) → 유천원(2. 1) → 상주 화풍 → 함창 덕통(2. 2) → 문경 신원 → 관아(2. 3) → 용추(2. 7) → 조령 → 연풍 안부 → 장항(2. 8) → 충주 달천 → 용안(2. 9) → 죽산(2. 10) → 승부원 → 용인 석잔(2. 11) → 용인 주막 → 판교(2. 12) → 서울 숭례문 → 함안 경저 → 인왕동(2. 13) → 병산 경저(2. 14) → 과장(2. 16) → 과장(2. 18) → 파주(2. 19) → 서울 성안(2. 20) → 서대문(2. 21) → 판교 → 행원(2. 22) → 석잔 → 죽산 대평원(2. 23) → 방원 → 용안(2. 24) → 장항 → 연풍 안부(2.25) → 조령 → 문경 화봉원 → 불정원 → 유천원(2. 26) → 의성 병산 향교 → 도리원(2. 27) → 서촌 → 청송 안덕(2. 28)

청송 안덕에서 의성 병산, 문경 신원을 거쳐 조령을 넘는다. 그리고 충청 달천, 용인 석잔을 지나 서울의 함안 경저(京邸)에 당도한다. 이렇게 해서 마침내 과장에 들어가 과거를 보게 되는데 1588년 2월 16일이었다. 그리고 서울에 머물면서 파주에 잠시 들르기도 한다. 당숙의 초상에 문상을 하기 위해서였다. 하행길은 상경길의 반대였다. 문경에서 며칠을 머물게 되었던 것은 그와 같은 항렬이었던 조종도(趙宗道)가 현감으로 있었기 때문이다. 그리고 서울에서도 며칠 더 머물게 되었던 것은 과거 준비 때문이기도 하지만 조응도, 조감의 부인인 숙모 등 다양한 친척을 방문하기 위함이었다.

셋째, 당대의 생활사를 제한적이나마 보여 준다는 점이다. 일기는 제도사나 거시사와는 달리 생활사나 미시사적 측면을 생생하게 보여 준다는 점에서 최근 많은 관심을 받고 있다. 조종도의《신당일록》역시 마찬가지다. 특히 과거를 보는 과정에서 이들이 어떻게 시험을 준비했던가 하는 것을 알게 한다. 1588년 2월 15일의 기록에는 "아우의 병을 무릅쓰고《중용》과《대학》을 시강하고 저물녘에 돌아왔다"[296]라며 시험공부를 하고 있기도 하지만, 무엇보다 중요한 것은 시험에 대한 정보 수집이었다. 이러한 사정이 군위 과장에 나아갔을 때의 기록에 사실적으로 나타난다.

---

296) 조수도,《신당일록》1588년 2월 15일 조, "强舍弟病, 試講中學, 乘暮而還".

다음 날 여러 동반(同伴)들을 두루 방문하다가 날이 저물어 돌아왔다. 다음 날도 또한 그같이 하고, 그다음 날도 그렇게 했다. 다음 날 여러 동반(同伴)들과 함께 등록을 했다.297)

1591년 3월 6일 조수도는 군위의 적나(赤羅)에 가서 숙소를 정한 다음, 3월 12일에 과거를 본다. 위의 기록은 그사이 여러 날 동안 동반들을 찾아다녔던 것을 알게 한다. 날이 저물도록 동반을 찾아다녔는데, 이것은 바로 과거에 관한 정보를 수집하기 위한 것이었다. 이 밖에도 《신당일록》에는 아버지의 종기를 빠는 등의 효행, 술을 들고 찾아와 인사를 나누거나 청어를 주며 헤어지는 봉별의 선비 문화 등도 드러난다. 다만 조수도의 《신당일록》은 집약적 글쓰기가 주축을 이루고 있어 풍부한 생활사를 전하고 있지는 못하다.

넷째, 중요한 역사적 사실의 이면을 읽을 수 있게 한다는 점이다. 《신당일록》에는 저자 조수도와 친척 관계에 있는 조종도가 정여립의 난에 연루되어 투옥된 사실이 기록되어

---

297) 조수도,《신당일록》1591년 3월 8~11일, "翌日, 編訪諸伴, 日暮而還. 又明日, 亦如之. 又明日, 亦如之. 翌日, 偕諸伴錄名".

있다. 조종도는 문경현감, 금구현령을 역임한 적이 있는 인물이다. 《신당일록》에 따르면 상경길(1588. 1. 26)에는 문경에 들러 조종도로부터 노자 돈을 두둑이 받지만, 하행길(1588. 2. 15)에는 그가 이미 해임되고 없었다고 했다. 1589년에는 정여립(鄭汝立, 1546~1589)의 모반 사건으로 알려진 기축옥사(己丑獄事, 선조 22)가 일어나 이에 연루되어 조종도는 의금부에 투옥된다. 조수도는 이에 조종도를 면회 가게 된다.

> 이날 밤 조 도사(趙都事)와 함께 조 금구(趙金溝, 조종도)를 의금부에 가서 뵈었다. 다만 이름만 전하고 물러나 영혼(英混) 등을 보았다. 조민도(趙敏道) 형이 또한 뒤에 온 까닭에 서로 만나 보고, 함께 종루(鍾樓)에 가서 기둥에 기대어 대화를 나누었다. 신사선(愼士選, 신수갑) 군이 홀연히 당도해 오랜만에 우연히 만났다. 이보다 다행한 일이 없었다. 다만 옥사가 지극히 엄해 옥석을 가리지 않고 모두 죽이니 참으로 한심스럽다. 그러나 조 형[조종도를 말함]의 일은 거의 신원이 될 것이라 하니 이것은 곧 하늘의 뜻이리라.[298]

---

298) 조수도, 《신당일록》 1590년 6월 18일 조, "是夜, 與趙都事, 往見趙

1590년 6월 10일에 서울로 길을 떠나 6월 18일에 조감 등과 함께 조종도를 면회 간다. 신원이 될 것이라는 말을 듣게 되지만 면회는 실패하고 이름만 전한다. 조수도는 "역적 정여립(鄭汝立)이 남쪽 지방의 유풍(儒風)을 더럽히니 분통(憤痛)을 이길 수 없다"[299]라고 하면서 이에 대해 민감하게 반응했다. 그럼에도 불구하고, 조정에서는 이 사건을 매우 가혹하게 다룬다고 생각했다. 위의 예문에서 "옥사가 지극히 엄해 옥석(玉石)을 가리지 않고 모두 죽이니 참으로 한심스럽다"라고 한 데서 이러한 사실을 알 수 있다. 조종도가 이에 연루되어 있었으니 더욱 그러했을 것이다.

정여립 모반 사건에 연루된 사람들이 길에서 끌려가는 것도 목격한다. "말을 먹이고 떠나는데 금부도사(禁府都事)가 죄인을 압송해 진주로 가고 있었는데, 진주는 곧 우리 우

金溝于禁府, 只通名字. 退見英混等, 則趙敏道兄, 亦來觀後, 故兼得相見, 携往鍾樓, 倚柱叙話之際, 慎君士選, 忽爾逼到, 邂逅相遇, 莫此爲幸. 但獄事太嚴, 玉石俱焚, 不勝寒心, 然, 趙兄之事, 庶幾得伸云, 是則天也".

299) 조수도, 《신당일록》 1590년 6월 14일 조, "逆賊鄭汝立, 汚盡南土衣冠, 不勝憤痛".

도(右道)다"300)라고 하거나, "다음 날 새벽에 길에 올라 10리를 가기 전에 죄인이 고기처럼 꿰여 압송되어 가고 있었다. 이들이 어찌 모두 정여립의 역도(逆徒)이겠는가? 억울하게 걸려든 사람도 많을 것이라고 생각하니 마음이 몹시 참담했다"301)라고 한 것 등이 그것이다. 우리는 여기서 당대 역사의 이면을 읽게 된다.

이상과 같이 조수도의 《신당일록》은 여러 측면에서 그 의미를 확보하고 있다. 글쓰기 방식에서 전통을 계승하면서도 개성적인 측면이 드러나는 점, 과거 길을 구체적으로 기록해 둔 점, 당대의 생활사 혹은 미시사를 제한적이나마 보여 주고 있는 점, 기축옥사가 일어나는 현장을 이면적으로 기술하고 있는 점 등이 그것이다. 그리고 《신당일록》에는 험난한 시대를 맞아 조수도와 그의 가족이 보여 준 사랑이 적실하게 그려져 있다. 전통 시대 일기에서 많이 드러나는 부분이기는 하지만, 가족 해체의 시대를 맞은 오늘날 새로운 의미로 작동하기도 한다.

---

300) 조수도, 《신당일록》 1590년 6월 14일 조, "秣馬分行, 義禁都事, 罪人押, 向歸晋城. 晋城乃吾右道也".
301) 조수도, 《신당일록》 1590년 6월 23일 조, "翌曉發行, 行未十里, 罪人, 魚貫掌押而去. 此, 豈盡是鄭逆之徒, 想多橫罹之人, 心極慘愴".

부 록

동계 조형도의 문학적 상상력
－물 이미지를 중심으로302)

머리말

 이 글은 동계(東溪) 조형도(趙亨道, 1567~1637)의 시 문학에 '물'이 어떠한 방식으로 존재하며, 그것이 그의 시정신에 어떻게 구조화되어 있는가 하는 문제를 다룬 것이다. 물을 특별히 주목한 것은 조형도의 상상력에 대한 핵심을 가장 집약적으로 드러내기 위함이고, 시 문학에 초점을 둔

---

302) 이 글은 조수도와 함께 어린 시절부터 고락을 같이했던 동생 조형도의 문학적 상상력을 다룬 것이다. 본 국역서 《신당일록(新堂日錄)》에는 형 조수도가 아픈 동생 조형도를 데리고 서울에 함께 과거를 보러 갔던 사연이 사실적으로 적혀 있어 많은 감동을 준다. 더욱이 조수도의 글이 많이 남아 있지 않은 오늘날, 이 글을 통해 그에 대한 이해를 보완할 수 있기를 기대한다. 이 글은 필자의 논문 〈동계 조형도 시에 나타난 '물'에 대하여〉(《영남학》 28, 경북대학교 영남문화연구원, 2015)를 수정·보완한 것이다.

것은 현재 남아 있는 그의 문집인 《동계집》에 완성도 높은 시가 풍부하게 등재되어 있기 때문이다. 또한 오늘날 우리 한시 연구가 흔히 주제 분류에 그치거나, 작가의 삶을 이해하는 보조적 수단으로 활용되고 마는 방법론적 한계를 극복하기 위함이기도 하다.

조형도는 함안인(咸安人)으로 일명 원도(遠道)인데, 자는 경달(景達) 혹은 대이(大而), 호는 동계(東溪) 혹은 청계도사(淸溪道士)다. 생육신의 한 사람인 어계(漁溪) 조여(趙旅, 1420~1489)의 5대손으로, 아버지는 동지중추부사 지(址)이며, 어머니는 안동 권씨로 고려조에서 급사(給事)를 지낸 윤형(允衡)의 후손 습독(習讀) 권회(權恢)의 따님이다. 조형도는 청송 안덕에서 5남 3녀 중 둘째 아들로 태어났으니, 1567년(명종 22) 5월 20일의 일이다. 어려서 함안 검암리(儉巖里)에 살고 있었던 백부인 만호 우(堣)와 허유(許裕)의 따님인 김해 허씨 아래 양자로 들어갔으며, 부인은 부윤 오운(吳澐, 1540~1617)의 따님인 고창 오씨였다. 향년은 71세였다.

조형도의 시대는 밖으로부터 발생한 임진왜란과 병자호란, 안에서 일어난 이괄의 난과 인조반정 등으로 조선은 내우외환에 시달려야만 했다. 그의 삶은 이러한 현실에 직면해 있었던 것이다. 그에게 성리학적 문제의식이 없지 않았지만, 이 같은 위난의 시기를 맞아 그는 붓을 던지고 칼을 잡지 않을 수 없었다. "대장부가 해야 할 사업이 반드시 문묵(文墨)에만 있는 것이 아니다. 하물며 이처럼 나라가 위급할 때를 맞아 구습을 고수하며 임금과 부모를 위난으로부터 구하지 않겠는가?"303)라고 하면서, 1594년(선조 27) 무과에 나아가 급제한 것에서 이러한 사정을 명확히 확인할 수 있다.

조형도가 무과에 나아간 것은 임진년 곽재우(郭再祐, 1552~1617)의 진영에서 세운 무공이 하나의 계기가 되었을 것이다. 이로써 그는 훈련원(訓鍊院) 주부(主簿)가 될 수 있었으며, 급제 이후에는 선전관 겸 비국랑(宣傳官兼備局郎, 28세), 통정대부(通政大夫, 28세), 고성현령(固城縣令, 40세), 창원소모장(昌原召募將, 42세), 토포장(討捕將, 51세), 순변사(巡邊使) 유비(柳斐)의 종사관(從事官, 56세), 경덕궁위장(慶德宮衛將, 56세), 호위별장(扈衛別將, 59세), 진주영장(晉州營將, 61세), 상주영장(尙州營將, 61세), 괴산군수(槐山郡守, 61세), 경주영장(慶州營將, 63세) 등을 제수

---

303) 신집(申楫), 〈묘지명(墓誌銘)〉(조형도, 《동계집》 권5), "男兒事業, 不必專在文墨, 況此艱危, 其可守株而不急君父之難乎?"

받아 나아가 임무를 수행하기도 하고 사직하기도 했다. 관직에 나아가지 않을 때는 청송과 함안을 오가면서 자연 속에서 시주(詩酒)를 즐기며 작품 활동을 전개했다. 이때 창작한 것이 오늘날 남아 있는 그의 시편들이다.

조형도를 이해하기 위해 우리가 주목하고자 하는 것은 그의 학통이다. 17세 되던 해(1583)에 김성일(金誠一, 1538~1593) 등과 교유했던 청송의 첨지 민추(閔樞, 1526~1604)에게 나아가 배우고, 21세(1587)에는 함안(咸安)으로 내려가 당시 군수로 와서 흥학을 하던 정구(鄭逑, 1543~1620)의 문하에 나아가 수학했다. 정구는 이황과 조식의 학문을 전수받아 거경(居敬)을 바탕으로 한 궁리(窮理)와 집의(集義)를 온전히 한 인물로 평가된다. 조형도는 스승 정구의 만사에서 "공자의 진원 찾아 천 년 전 수사(洙泗)의 진원을 거슬러 올라가 이으셨고, 우뚝한 가야산은 만 길로 뻗어 있네"[304]라고 했다. 성리학적 사유와 강한 기상을 드러낸 것이라 하겠는데, 우리는 여기서 조형도가 정구를 통해 이황과 조식을 함께 느끼고 있음을 감지하게 된다.

---

304) 조형도, 《동계집》 권3, 〈한강 정 선생 만사(寒岡鄭先生輓)〉, "眞源洙泗千年派, 峻色伽倻萬丈橫".

오운이 조형도의 장인이었던 것도 주목할 만한 사실이다. 그 역시 이황과 조식에게 나아가 학문을 전수받은 인물이기 때문이다. 조형도는 오운을 위한 제문에서, "산해당(山海堂)에 오르고 퇴도실(退陶室)에 들어가, 나아가는 바가 정대했고, 학식이 바르고 분명했네"305)라고 했다. 여기서 물론 산해당은 조식을, 퇴도실은 이황을 의미한다. 조형도가 오운의 행장을 쓰면서, "젊어서 이황과 조식 양 선생의 문하에서 수업해 깊은 인정을 받았다"306)라고 한 것도 같은 맥락에서 이해할 수 있다. 이로써 우리는 조형도의 자연에 대한 혹애(酷愛)와 현실에 대한 깊은 관심이 그 연원을 갖고 있음을 알게 된다.

조형도를 아는 사람들은 거의 모두가 그의 문무겸전(文武兼全)에 대해 칭송했다. 정사물(鄭四勿, 1574~1649)이 "문과 무를 아울렀으며, 나이와 관직이 함께 높았네"307)라

---

305) 조형도, 《동계집》 권4, 〈죽유 오 선생 제문(祭竹牖吳先生文)〉, "升山海堂, 入退陶室, 趨向正大, 學識端的".
306) 조형도, 《동계집》 권4, 〈죽유 오 선생 행장(竹牖吳先生行狀)〉, "少遊退陶南冥兩先生之門, 深見稱許".
307) 정사물(鄭四勿), 〈만사〉(《동계집》 권5), "文兼武幷用, 齒與爵俱尊".

고 하거나, 곽위국(郭衛國, 1587~1656)이 "문무 재능을 겸한 것은 옛 장수의 풍도요, 높은 공명이 덕에 어울려 우리나라에 빛났네"[308]라고 하는 등 허다한 수사가 그것이다. 여기서 나아가 손처약(孫處約, 1556~?)은 조형도를 들어 문무에 시를 더해 삼능(三能)이라 칭송하며, "서(書)에 능하고 무(武)에 능한 데다 시(詩)까지 능했으니, 삼능은 예전에도 드문 것이었다고 사람들은 모두 말하네"[309]라고 하기도 했다. 우리는 여기서 조형도에 대한 당대의 시각이 어떠했는가 하는 부분을 바로 알게 된다. 다음 자료 역시 그를 이해하는 데 많은 도움을 준다.

일찍이 《시경》, 《서경》, 《역경》, 《논어》, 《맹자》, 《중용》, 《대학》을 손수 써서 읽었으며, 매양 관직에 있을 때는 《사기》와 백가서, 그리고 염락[성리학]의 여러 책과 우리나라 선비들의 문집 및 《여지승람(輿地勝覽)》 등을 서가에 가득 비치해 두고 손으로 열람해 보면서 마음으로 이

---

308) 곽위국(郭衛國), 〈만사〉(《동계집》 권5), "文武才兼故將風, 勳名稱德暎吾東".
309) 손처약(孫處約), 〈만사〉(《동계집》 권5), "能書能武又能詩, 咸曰三能古所稀".

해하고 정신으로 관통하지 않은 것이 없었다. 문장을 지음에 종이를 잡고 글을 씀에 호한한 기운을 모두 갖추고 있었다. 또한 두보(杜甫)와 육유(陸游)의 시를 매우 좋아했는데, 매양 달이 뜬 밤에는 술잔을 가져다 술을 마시며 서너 번 가락을 넣어 읊조리면서 우울한 회포를 풀기도 했다. 지은 시는 평담(平淡)해 조탁한 흔적이 없었는데 마치 의도하지 않은 듯했다. 세상에서 시로 이름을 얻은 자가 모두 미치지 못할 것이라 생각했다.[310]

방손(傍孫) 조기영(趙基永, 1764~1841)이 쓴 《동계집》〈유사(遺事)〉의 일부인데, 여기에는 동계의 독서 경향을 비롯해서 두보(杜甫, 712~770)와 육유(陸游, 1125~1210)를 좋아한 사정, 시주를 함께 즐긴 사정 등이 두루 제시되어 있다. 특히 그의 시를 '평담해 조탁한 흔적이 없었다'라고 평가했다. 이는 조형도의 시가 자연미를 추구하고 있다는 것을

---

310) 조기영(趙基永), 〈유사(遺事)〉《동계집》 권5), "嘗手書詩書易論孟庸學, 以便觀覽, 每居官購得史記百家濂洛羣書東賢文集及輿地勝覽等書, 揷架充棟, 無不手閱眼過, 心會神通, 爲文操紙立書, 渾浩委備, 又酷好老杜放翁詩, 每月夜引一大白, 朗吟三四遍, 以寫憂傷之懷, 所著詩平淡無雕琢之態, 若不經意, 而世之以詩名者, 皆以爲不及也".

의미한다. 이러한 생각은 조형도의 〈행장〉을 쓴 이병하(李秉夏, 1780~1852)도 동의하던 바였다. 즉, "운격평담(韻格平淡), 무조탁태(無彫琢態)"라 한 것이 그것이다. 이러한 평가는 이응기(李應麒)가 그의 만사를 지으면서, "글은 비단같아 붓끝을 따라 나왔으며, 구슬을 꿴 듯 글귀마다 교묘했네"311)라고 한 것과 견주어 볼 때 약간의 차이가 있기는 하나, 그의 시적 재능을 높게 인정한 것으로 보아 마땅할 것이다.

현재 조형도에 대한 학술적인 접근은 거의 없는 것이 실정이다. 이는 그의 문학적 재능을 고려할 때 안타까운 일이 아닐 수 없다. 이 글에서는 이러한 사정을 염두에 두면서 조형도 시에 나타난 물의 존재 양상을 중심으로 그의 시정신을 탐구하기로 한다. 이를 위해 먼저 물을 주목하는 이유를 구체적으로 다루고, 나아가 조형도 시에 나타난 다양한 물의 존재 양상을 탐구할 것이다. 그리고 강호락(江湖樂)과 묘당우(廟堂憂) 사이에서 형성된 그의 시정신을 살피는 데로 나아갈 것이다. 이로써 우리는 조형도 의식 구조의 일단이

---

311) 이응기(李應麒), 〈만사〉《동계집》 권5), "綺繡隨毫發, 珠璣逐句工".

구명되기를 기대한다.312)

물을 주목하는 이유

 물이 없으면 우리는 잠시라도 살 수가 없다. 인간의 존재를 가능케 하는 것이 물과 공기와 음식인데, 물은 그 가운데서도 핵심이다. 우리는 여기서 중국 고전에 나오는 '항해(沆瀣)'라는 용어를 주목한다. 이것은 북방의 한밤중 기운이 어떤 모습을 갖춘 것으로, 물을 의미하기 때문이다. 즉, 물은 순수를 의미하는 한밤중에 생성되는 기(氣)의 외현태(外現態)다. 이 때문에 조식(曺植)은 〈원천부(原泉賦)〉에서 물을 들어 "곡신과 같이 영원히 죽지 않으니, 실로 기모의 항해와

---

312) 본 연구의 텍스트는 1845년경에 간행된 것으로 보이는 《동계집》이다. 이 책은 방손 조기영의 유사(遺事), 1845년에 쓴 이병하(李秉夏)의 행장, 유치명(柳致明)의 서문, 조기록(趙基祿)의 발문 등이 실려 있는데, 도합 5권 3책으로 된 목판본이다. 이 책의 권1-3에는 1편의 부와 433제의 시가 실려 있고, 권4에는 소(疏) 1편, 서(書) 11편, 서(序) 3편, 기(記) 2편, 제문(祭文) 9편, 행장(行狀) 1편이, 권5는 부록으로 만사와 묘지명 등이 실려 있다.

같다"313)라고 할 수 있었다. 이처럼 물은 기의 어머니이자, 모든 생명체의 근원으로 인식되었으며, 우주 만물의 운동과 조화를 가능케 하는 존재로 여겨졌다.

고대 그리스의 철학자 탈레스는 물을 만물의 근원으로 보았다. 널리 알려진 사실이다. 그는 이것으로 생명과 우주 현상의 근본에 대해 탐색하고자 했다. 유가와 도가로 대표되는 동양 철학에서도 물을 중요하게 인식했다. 유가는 물의 동적(動的)인 측면을 주목하고 여기서 영원성을 읽어 내었다. 공자가 지혜로운 사람은 물을 좋아하며, 동적이며, 즐길 줄 안다고 한 것에서 이러한 사실을 알 수 있다. 이에 대해 주희는 지혜로운 사람에 대해, "사리에 통달해 두루 막힘이 없어 물과 유사한 점이 있는 까닭에 물을 좋아한다"라고 풀이했다. 맹자 역시 다음과 같이 물에 대해 남다른 생각을 갖고 있었다.

> 서자(徐子)가, "공자께서 자주 '물이여! 물이여!' 하며 탄식했는데 물에서 어떤 뜻을 취한 것입니까?"라고 물었

---

313) 조식(曺植),《남명집(南冥集)》권1,〈원천부(原泉賦)〉, "同不死於谷神, 實氣母之沆瀁".

다. 이에 맹자는, "근원이 있는 물은 끊임없이 솟아나서 밤낮을 쉬지 않고, 구덩이를 채운 뒤에 나아가서 사방의 바다까지 흘러들어 간다. 근본이 있는 자는 역시 이와 같으니, 이 뜻을 취한 것이다"라고 했다.

《맹자》〈이루장구〉 하에 나오는 말이다. 일찍이 공자는 《논어》에서 "가는 것이 이와 같구나! 밤낮으로 그치지 않는구나!(逝者, 如斯夫! 不舍晝夜!)"라며 물을 찬미한 적이 있다. 이에 대해 맹자는 위와 같이 근원이 있기 때문에 그러할 수 있다면서, 이로써 구덩이를 채우고 마침내 사방의 바다로 나아갈 수 있다고 했다. 이것을 사람에 비유해 학문적 근본을 튼튼히 하라고 했다. 이 근본이 있으면 점점 나아가 마침내 지극한 경지에 이르게 된다는 것이다. 우리는 여기서 유가들의 물 인식이 근원성과 영원성에 기반해 있다는 것을 알게 된다.

물은 모든 사물의 근원이기 때문에 그 본질을 변화시키지 않으면서도 다양한 모습으로 존재한다. 땅 밑에서는 지하수로 흐르고, 땅 위에서는 수많은 모습으로 존재한다. 그리고 공중에서는 수증기로 올라가 구름이 되어 떠다니다가 다시 비가 되어 내리기도 한다. 지상의 물은 그 존재 양상에 따라 흐르는 물[流水]과 멈추어 선 물[止水]로 구분된다. 유속에 따라 폭포, 개울, 강으로 나누어지고, 멈춘 정도에 따라 샘, 연못, 호수로 구분된다. 그리고 바다는 이 모두를 총합해 크게 멈추어 있는 듯하지만 내적으로 강한 유속을 함께 지닌다.

뱀이 마셔 독이 되고, 젖소가 마셔 우유가 되는 것처럼 물은 흡수하는 대상에 따라 전혀 다른 효과를 발생시킨다. 그 대상은 동식물을 가리지 않는데, 수많은 사물에게 생명을 유지할 수 있도록 하는 생명의 원천이기 때문에 가능한 것이다. 이처럼 물은 수많은 사물 속에 근원적인 원리로 존재하므로, 성리학의 주요 개념인 이일분수(理一分殊)로 이것을 설명할 수도 있다. 즉, 물은 개별 사물을 초월해서 그 스스로 존재하기도 하지만, 개별 사물에 내재해 개별 사물의 존재와 운동을 규정하는 내적 원리로서 기능한다는 것이다. 이렇게 보면 물은 하나의 이(理)와 다름없으며 태극과 같은 존재다.

물은 나아가 인간의 문화 생성을 가능케 한다는 측면에서도 주목된다. 샘에서 물이 흘러 개울을 만들고, 이 개울이 모여 강이 되고, 강이 모여 바다가 된다. 강과 바다를 이루는 물은 여기에 합당한 또 다른 문화를 생성한다. 넓은 들판이 강을 따라 생기고, 국제 관계 속에서 발생하는 해양 문화가 바다를 중심으로 이루어진다. 우리는 여기서 물이 만들어

내는 다양한 문화 체계를 이해하게 된다. 그것은 물이 자연 생명력의 근원이지만, 그것을 훨씬 뛰어넘어 인간으로 하여금 다양한 문화를 창출케 한다는 것이다. 문학은 바로 인간이 이 과정에서 생산하는 대표적인 지적 활동이다. 우선 다음의 시조 두 수를 보자.

(가)
청산은 어찌하여 만고에 푸르며
유수는 어찌하여 주야에 멈추지 않는고
우리도 그치지 않고 만고에 늘 푸르리라

靑山은 엇뎨ᄒ야 萬古에 프르르며
流水ᄂᆞᆫ 엇뎨ᄒ야 晝夜에 긋디 아니ᄂᆞᆫ고
우리도 그치디 마라 萬古常靑ᄒ리라314)

(나)
산은 옛 산이로되 물은 옛 물이 아니로다
밤낮으로 흐르니 옛 물이 있을쏘냐
인걸도 물과 같아 가고 아니 오는도다

---

314) 이황(李滉), 〈도산십이곡(陶山十二曲)〉 언학(言學) 제5곡.

山은 녯 山이로되 물은 녯 물이 아니로다
晝夜에 흐르거든 녯 물이 이실소냐
人傑도 물과 굿도다 가고 아니 오는쏘다[315]

  앞의 시조 (가)는 성리학자 이황의 것이고, 뒤의 시조 (나)는 기녀 황진이의 것이다. 우리는 여기서 같은 물이지만, 이에 관한 상상력이 얼마나 다른지를 바로 확인할 수 있다. 이황은 물이 주야에 그치지 않고 영원히 흐른다고 했고, 황진이는 물은 흘러 돌아오지 않는다고 했다. 이황이 물을 통해 불변하는 도 내지 진리를 인식하며 학문적 탐구를 지속하고자 했다면, 황진이는 물을 통해 가변적인 정 내지 사람을 인식하며 사랑이라는 생명 활동을 하고자 했다. 불변과 가변, 영원과 순간이 물을 통해 동시에 읽히면서, 이황과 황진이는 이들이 처한 신분적 상황이나 세계관적 지향점을 서로 다르게 표출했던 것이다.
  존재의 근원인 물은 조형도에게도 상상력의 근원 구실을 했다. 위에서 살핀 시조에서도 드러나듯이 물은 흔히 산과

---

315) 이형상(李衡祥) 편, 《병와가곡집(瓶窩歌曲集)》 541번.

짝을 이루면서 등장한다. 이는 자연의 다른 이름이며, 호해(湖海), 강하(江河), 강산(江山), 산하(山河), 강호(江湖) 등으로 확대되기도 한다. 산수 속에서 자신의 삶을 영위했던 조형도 역시 이들 용어를 다양하게 활용하면서 자신의 정서를 나타냈다. "한가한 사람 강호 속에 누워 있노라니, 어조(魚鳥)와 함께하는 생애 즐거움이 넉넉하네"[316]라고 한 데서 볼 수 있듯이, 강호는 자연이며 그의 삶을 영위하는 공간이었다. 이처럼 조형도는 강호를 중심으로 생활했으므로, 만남과 사귐, 그리고 이별 등이 이 속에 있었다. 다음 작품을 보자.

> 10년을 풍진 세상에서 살아 호해는 멀어졌는데
> 상봉해 이렇게 글을 논하게 된 것이 얼마나 다행인가
> 지난날의 젊음이 백발로 변했다고 한탄 마시게
> 반가운 눈빛 오히려 있고 옛 뜻도 은근한 것을
> 부귀가 오지 않음은 시운과 운명 때문이요
> 기한(飢寒)을 면하기 어려움은 나와 그대가 같도다
> 내일 아침 또 남주(南州)로 가는 길손이 될 터인데

---

[316] 조형도, 《동계집》 권1, 〈계부의 두암정사에 올라(登季父斗巖精舍)〉, "閒人高臥江湖裏, 魚鳥生涯樂有餘".

어느 곳에서 위북의 구름을 근심으로 보려는가

十載風塵湖海隔　相逢何幸此論文
白頭休惜前顔變　靑眼猶存舊意懃
富貴不來時與命　飢寒難免我同君
明朝又作南州客　何處愁看渭北雲317)

 이 시는 조형도가 한경안에게 준 것으로 유용한 정보를 여럿 포함하고 있다. 풍진(風塵)과 호해(湖海)를 대비하고 있으니 '호해'가 무엇을 의미하는가 하는 것을 바로 알 수 있다. 벼슬살이라는 세속과의 대척적 거리에 있는 자연이 바로 그것이다. 여기서 그는 가난하게 살지만 오랜 친구를 청안(靑眼)으로 만나 옛 정의를 나누니 즐겁다고 했다. 이처럼 만남을 통한 교유가 호해에서 진행되고, 만남이 있었으므로 이별 역시 없을 수 없었다. 미련(尾聯)에 보이듯이 내일 아침 남쪽 고을로 내려갈 길손이라고 한 것이 그것이다. 호해는 만남과 교유, 그리고 이별이 발생하는 생활 공간으로서의 의미를 지니고 있었던 것이다.

---

317) 조형도, 《동계집》 권1, 〈한경안에게 드림(呈韓景顔)〉.

생활 공간인 호해 속에서 조형도가 물에 특별한 관심을 갖고 이를 중심으로 그의 상상력을 펼치는 것은 지극히 당연한 일이다. 시내에서는 "근심하는 마음을 어느 곳에서 끊었기에, 시냇물이 짧게 혹은 길게 우는가?"[318]라고 했고, 강가에서는 "강바람 불어와 물결이 일렁이니, 먼 길 떠나는 나그네 나루에 다다라 감히 건너지를 못하네"[319]라고 했으며, 바다에서는 "주변루(籌邊樓) 위의 나그네 근심 많은데, 멀고 먼 바다를 한눈으로 바라봄에 아득해라"[320]라고 했다. 이처럼 물은 각기 그 형태를 달리하지만 그의 시심을 자극하기에 족했다. 다음 시에서는 이러한 생각이 더욱 적극적으로 읽힌다.

    우뚝 솟은 봉우리의 기세 누대를 누르고
    늙은 홰나무 시든 풀은 고성 머리에 있네

---

318) 조형도,《동계집》권3,〈응암에서 문여유를 보내며(鷹巖 送別文汝由)〉, "愁腸何處斷, 溪水短長聲?"
319) 조형도,《동계집》권1,〈소유정 나루터(小有亭渡口)〉, "江風吹動水紋斜, 遠客臨津不敢過".
320) 조형도,《동계집》권1,〈좌세류영의 주변루 시에 차운함(次左細柳營籌邊樓韻)〉, "籌邊樓上客愁饒, 海曲迢迢一望遙".

강은 십 리로 흘러 물소리 베갯머리까지 오고
오동잎 뜰에 지는 비 내리는 가을이네
두루미에 가득한 술 종일토록 담소하게 하고
벽의 등잔불 돋우며 오경의 근심을 다하네
턱 괴고 앉아 돌아가고픈 간절한 마음 참지 못해
새벽 창에 기대어 해진 갖옷을 가린다네

峭直高峯勢壓樓　老槐衰草古城頭
江流十里聲來枕　梧落一庭雨打秋
罇酒淹成終日話　壁燈挑盡五更愁
支頤不耐歸心切　徙倚朝窗掩弊裘321)

이 작품에 나타나는 물은 시인이 시를 창작하게 하는 동인으로 작용한다. 베갯머리에 들려오는 10리를 흐르는 물소리, 오동잎에 떨어지는 빗소리가 그것이다. 조형도는 여기서 시심을 일으켜, 낮에는 종일토록 술을 마시며 담소하고, 밤에는 심지를 돋우며 근심한다고 했다. 이처럼 물소리와 빗소리가 쓸쓸한 자아를 드러내는 역할을 하기도 하지만, "꽃다운 풀 지는 해에 이미 봄이 저무는데, 한 줄기 시내의

---

321) 조형도,《동계집》권1,〈취산관에서 회포를 적음(鷲山館書懷)〉.

풍월은 노닐 만해라. 달성(達城)에서 못다 한 이별의 뜻, 멀리 긴 둑을 따라 물 위로 오르네"322)라고 하면서 시내를 노닐 만한 아름다운 경치로 묘사하기도 했다. 나아가 조형도는 소나무 잎 사이에서 이는 바람 소리를 통해 물소리를 느끼기도 했다. 다음 작품이 그것이다.

    집 남북쪽에 푸른 소나무 가득해
    밤낮으로 파도가 푸른 봉우리에서 솟아나는 듯하네
    방문 앞에서 듣노라니 넓은 바다가 가까운 듯
    문을 열고 나가 보니 푸른 구름이 짙네
    뿌리 밑의 복령은 응당 약이 될 것이나
    가지 사이의 풍우는 봉토를 받지 못하겠지
    늙은이가 만년에 무슨 특별히 좋아하는 게 있어
    난간에 기대어 길이 세한의 모습을 마주하는고

    家南家北滿靑松　日夜波濤湧碧峯
    當戶聽來滄海近　出門看去翠雲濃

---

322) 조형도, 《동계집》 권1, 〈율촌 시냇가에서 김이정이 와서 전별해 줌을 사례함(栗村川上 謝金而靜來別)〉, "芳草斜陽春已暮, 一溪風月可堪遊. 達城未盡相離意, 遠逐長堤上水頭".

  茯苓根下應成藥 風雨枝間不受封
  老子晚年何所癖 倚軒長對歲寒容323)

  위의 작품은 조형도가 송도(松濤)에 대해 노래한 것이다. 송도는 '소나무가 바람에 흔들려 물결 소리처럼 나는 소리'를 말한다. 위의 시에서 그는 방문 앞의 소나무 소리를 통해 넓은 바다를 느낀다고 했다. 문을 열고 집을 나서면 푸른 구름이 짙다고 했는데, 물론 소나무를 비유한 것이다. 구름이 비가 되어 내리니 이 역시 물의 이미지와 결합된다. 소나무와 관련한 이러한 상상력은 "문밖이 동해에 닿은 것도 아닌데, 파도 소리를 일삼아 지척이 시끄럽다"324)라고 하거나, "푸른 소나무 숲을 이루어 작은 난간으로 둘렀으니, 용의 소리 학의 울음으로 물소리가 여울 같네"325)라는 묘사로 확대되기도 했다. 이처럼 조형도는 소나무를 통해 무수한 물소리를 듣고 있었는데, 이는 그의 시적 감수성이 풍부하면서

---

323) 조형도, 《동계집》 권2, 〈간송(看松)〉.
324) 조형도, 《동계집》 권3, 〈송도(松濤)〉, "不應門外連東海, 底事波濤咫尺喧".
325) 조형도, 《동계집》 권3, 〈송림(松林)〉, "蒼翠成林遶小欄, 龍吟鶴叫洶如灘".

도 정밀하다는 것을 의미한다. 다음 시는 이를 명시적으로 보여 주고 있다.

고목 정자 옆으로 사람 그림자 흩어지고
늙은 대나무 숲속에는 새소리 드물다네
시내와 산의 풍경은 해마다 좋은데
성곽의 백성은 해마다 잘못되어 가네
고요한 가운데 사물의 변화를 살피나니
한가한 곳에서 사람들과 이웃하지 말지라
서로 함께 시구를 찾고 또 술을 마시다가
앞의 다리에 달 뜨길 기다려 돌아가세나

古樹亭邊人影散　老篁叢裏鳥聲稀
溪山風景年年是　城郭人民歲歲非
堪向靜中觀物化　莫敎閒處與人違
相携覓句策呼酒　直待前橋帶月歸326)

경련(頸聯)에서 '정중관물(靜中觀物)'을 제시하고 있다.

---

326) 조형도,《동계집》권1,〈석정에서 종제 계중과 함께 지어 줌(石亭與從弟季重共賦)〉.

고요한 가운데서 사물의 변화를 살핀다는 것으로 그의 관물법에 대한 일단을 알 수 있다. 위의 시를 중심으로 보면, 고목 정자 가로 흩어지는 사람들의 그림자, 늙은 대나무 숲속에서 가끔씩 들리는 새소리, 해마다 아름다운 계산의 풍경, 항상 곤핍한 성곽의 백성 등 그의 관물법은 매우 정밀한 것이었다. 그것은 '고수(古樹)'와 '노황(老篁)'처럼 수렴적이기도 하고 '계산(溪山)'이나 '성곽(城郭)'처럼 확산적이기도 하다. 이러한 정중관물이 시주(詩酒)와 함께 작품화하는 과정을 마지막 두 줄을 통해 보여 주었다. 우리가 이 글에서 다루고자 하는 물의 존재 양상 역시 조형도의 이러한 관물법에 따라 제출된 것이라 하겠다.

물이 만물의 근원이듯이 조형도는 이를 시 창작의 핵심 소재로 삼았다. 이것은 물이 생명의 근원일 뿐만 아니라, 문학적 상상력에도 핵심적으로 기능하고 있다는 것을 의미한다. 이 때문에 시내와 강, 그리고 바다는 그의 시에서 주요 소재가 되었으며, 호해 혹은 강호라는 자연의 대치어로 활용되기도 했다. 그리고 물 자체가 시 창작의 동인이 된 경우도 있고, 송도(松濤)의 경우처럼 다른 사물을 통해 물소리를 느끼며 상상력은 더욱 확대되어 가기도 했다. 조형도 시에 나타나는 이러한 현상은 그가 자연 속에서 사물의 변화를 정밀하게 관찰하기 때문에 가능한 것이었는데, 이를 그는

'정중관물'이라는 용어로 요약하기도 했다.

조형도 시와 물의 존재 양상

　조기영은 조형도의 〈유사〉를 기록하면서, 그에게 산수를 지나치게 좋아하는 산수벽(山水癖)이 있었다고 했다.327) 이 같은 표현은 조선조 선비들의 문집에 일반적으로 나타나는 현상이기는 하나, 조형도에게는 남다른 면이 있었다. 특히 물이 그러한데, 그 스스로가 '동계(東溪)' 혹은 '청계도사(淸溪道士)'라 자호했던 사실에서도 확인이 가능하다. 그는 시내가 가진 맑고 고아한 정취를 특별히 사랑했고, 이러한 정취를 시를 통해 표출했다. 여기에서는 이러한 사정을 염두에 두면서 조형도의 시에 나타난 물의 존재 양상을 '미려한 정경 속의 물', '풍류와 함께하는 물', '성찰 도구로서의 물', '역사 현실과 결합한 물'로 나누어 살펴보기로 한다. 이를 통해 조형도 시 세계의 다양한 측면을 이해할 수 있을 것이다.

---

327) 조기영, 〈유사〉(《동계집》 권5), "性癖於山水, 所居有大遯方丈之勝, 鶴爺旅老之來遊吟芹者, 殆無虛歲".

미려한 정경 속의 물

조형도는 자연과 문학은 밀접한 관계에 있다고 생각했다. "지세(地勢)가 웅장하니 시율(詩律)도 장엄하고, 흥취가 빼어나니 술잔도 깊어지네. 한없는 명승을 찾는 취미, 궁구하고 탐구하자니 해가 지려고 하네"[328]라고 한 데서 이를 명시적으로 보여 주고 있다. 조형도는 여기서 '지세(地勢)의 웅장함'과 '시율(詩律)의 장엄함'을 인과론적으로 이해하고 있다. 더욱 나아가 빼어난 흥취와 통쾌한 음주, 명승의 탐구와 석양의 안타까움을 차례대로 제시하면서 자연과 문학, 그리고 이를 통한 시인의 감흥이 자연스럽게 결합되도록 했다. 여기서 등장하는 물은 결국 조형도가 그의 서정적 자아를 표출하는 대표적인 소재가 된다.

조형도의 시에는 물[시내]이 있는 풍경이 다량 제시되어 있다. 물은 산과 함께 자연을 대표하니, 물은 그에게 자연을 표상하는 대표적인 소재였다. 그는 비가 갠 뒤 동계 가를 걸

---

328) 조형도, 《동계집》 권1, 〈창석 이숙평 준이 입암으로부터 방문했기에 민순원, 신여섭 및 아우 경행[준도]과 함께 방대에서 노닒(蒼石李叔平埈自立巖來訪 因與閔順源 申汝涉及舍弟景行遊方臺)〉, "地雄詩律壯, 興逸酒杯深. 無限名區趣, 窮探至日沈".

으며 시를 지은 적이 있다. 비 온 뒤 동계의 풍경은 더욱 아름다웠기 때문일 터인데, "흙비 갠 후에 밝은 해 나타나고, 구름 걷히고 나서 푸른 산을 마주하네. 소나무 문밖으로 지팡이 끌고 나가, 버드나무 서 있는 물가에서 물고기를 보노라"329)라고 한 것이 그것이다. 느긋하고 조용히 사는 자신의 행복한 삶을 적실하게 드러냈다고 하겠다. 다음의 시도 같은 맥락에서 읽을 수 있다.

(가)
깎아지른 바위 아래로 넓은 동천 열리고
사방으로 에워싼 산에 두 줄기의 물이 감도네
무릉도원 참경계를 찾으려고 하거든
사람들에게 떠내려오는 꽃을 따라오도록 하게

斷巖平豁洞天開 山四屏圍水二廻
欲訪桃源眞境界 許敎人逐泛花來330)

---

329) 조형도, 《동계집》 권2, 〈비 온 뒤 동계에 나가 거닒(雨後步出東溪)〉, "霾收見白日, 雲捲對靑山. 攜杖松門外, 觀魚柳溆間".
330) 조형도, 《동계집》 권1, 〈쌍계정에서 개 자 시운에 차운함(次雙溪亭開字韻)〉.

(나)
회화나무 정자 앞에 몇 길 되는 높은 단
주인은 한가로이 세 칸의 집을 지었네
밝은 모래 푸른 물 남쪽 시내 굽이에
달밤과 저녁놀이 가장 좋은 풍경이라네

槐樹亭前數丈壇　主人閒結屋三間
沙明水碧南溪曲　夜月斜陽最好觀331)

작품 (가)는 〈쌍계정에서 개 자 시운에 차운함(次雙溪亭開字韻)〉 6수 가운데 한 수이고, 작품 (나)는 정호연(鄭浩然)의 정사에 쓴 〈정양직의 호연정사에 씀(題鄭養直浩然精舍)〉이다. 둘 다 정자에 쓴 제영시다. 정자가 으레 그러하듯이 시내와 함께하는 아름다운 풍경을 동반한다. 쌍계정에서 조형도는 두 갈래로 나뉘는 시내를 바라보면서 무릉도원을 떠올렸다. '도원진경계(桃源眞境界)'라 한 것이 그것이다. 이 진경에서 누리는 즐거움을 다른 사람들과 함께하고자 했

---

331) 조형도,《동계집》권1,〈정양직의 호연정사에 씀(題鄭養直浩然精舍)〉.

는데, 이 때문에 떠내려오는 꽃을 따라오게 했다. 그리고 정양직의 호연정사에서는 물과 함께하는 자연 경관을 더욱 직실적으로 표현했다. '최호관(最好觀)'이라 한 것이 그것이다.

조형도는 물을 동반한 풍경을 특별히 사랑했기 때문에, 그의 시 세계는 이에 대한 아름다움을 섬세하게 그릴 수 있었다. 벗들과 보현사(普賢寺)에서 노닐면서 "푸른 나무와 누런 매화가 시냇가에서 새롭네"332)라고 했고, 동화사(桐華寺)에서는 "시냇가의 푸른 소나무는 바람을 따라 연주한다"333)라고 했으며, 풍수당(風樹堂)에서는 "쏟아지는 맑은 강 갈아 낸 듯 맑다"334)라고 한 것이 모두 그것이다. 이들 시에서 그는 시내나 강이 주변의 자연 경관과 어울려 아름다움을 연출하고 있다는 것을 적실히 보였다. 여기서 더욱 나

---

332) 조형도,《동계집》권2,〈정 군 길양직 백진과 함께 보현사를 노닐며(與鄭君吉養直伯珍, 遊普賢寺)〉, "招提行邁政逢春, 綠樹黃梅澗水新".
333) 조형도,《동계집》권3,〈동화사(桐華寺)〉, "水外蒼松風奏曲, 雲邊翠壁繡開鬟".
334) 조형도,《동계집》권3,〈이숙평이 풍수당에 부친 시에 차운함(次李叔平寄風樹堂韻)〉, "瀉練澄江磨洗淨, 黛空層壁畫圖工".

아가 아름다운 자연을 보면서 특정한 사람을 떠올리기도 했다. 다음 시를 보자.

(가)
나루터에는 배들이 가로세로로 매였고
산머리의 집들은 앞뒤로 있다네
물에 잠긴 갈매기는 흰 물결이 가볍고
나는 제비는 푸른 하늘로 사라진다네
눈길은 삼강 밖으로 트여 있는데
마음은 칠도(七島) 가로 통하네
근심을 잊은 망우당은 어디 계시는가
소식을 물은 지 여러 해나 되었다네

渡口舟橫直 山頭舍後前
沈鷗輕白浪 飛鷰沒靑天
眼闊三江外 神通七島邊
忘憂人在否 消息問長年[335]

---

335) 조형도, 《동계집》 권1, 〈진두에서 망우정을 바라보며(津頭望忘憂亭)〉.

(나)
명월루 앞의 물
유유히 달성을 지나가네
서로 그리워하는 이는 보이지 않고
돌아가는 기러기 울음만 두세 소리 들리네

明月樓前水　悠悠過達城
相思人不見　歸鴈兩三聲336)

작품 (가)는 망우당 곽재우를 생각하면서 지은 〈진두에서 망우정을 바라보며(津頭望忘憂亭)〉이고, 작품 (나)는 경암(敬庵) 오여벌(吳汝橃, 1579~1635)을 생각하면서 지은 〈영양군수 오경허를 생각하며(憶吳永陽景虛)〉다. 이들 시에는 모두 물과 관련한 아름다운 경치가 나타난다. 즉, 나루터에 매여 있는 배와 강물에 자맥질하는 갈매기, 명월루 앞을 유유히 흐르는 강 등이다. 이러한 정경 속에서 작가의 마음속에 떠올랐던 인물이 바로 곽재우와 오여벌이었다. 곽재우는 임란이 일어났을 때 그의 막하에 들어가 전공을 세운

---
336) 조형도,《동계집》권1,〈영양군수 오경허를 생각하며(憶吳永陽景虛)〉.

적이 있었으며, 오여벌은 오운의 둘째 아들로 조형도의 처남이었다. 이처럼 아름다운 정경을 만나면 그와 관련한 사람들이 떠올랐는데, 이러한 감정이 막연한 그리움으로 확대되기도 했다.

> 세월이 화살 같아 다시 봄을 만났으니
> 골짜기에 부친 회포 견디기 어려워라
> 시냇가에 매화 있어 그 향기 사라지려 하는데
> 어느 때 한 가지 꺾어 강남으로 부치리
>
> 光陰如箭又春三　峽裏羈懷自不堪
> 溪路有梅香欲老　一枝何日寄江南337)

제목이 〈우음〉이니 어떤 목적을 갖고 지은 것이 아니다. 위의 시에 따르면 새로 봄을 맞아 시내를 거닐게 되었고, 이때 시냇가에 핀 매화를 발견한다. 시인은 그 매화 한 가지를 꺾어 강남에 있는 누군가에게 꺾어서 부치고 싶다고 했다. 이처럼 미려한 정경 속에서 물을 만나면 막연한 그리움으로

---

337) 조형도, 《동계집》 권1, 〈우음(偶吟)〉.

확장되어 시인의 감성은 더욱 풍부해져 갔던 것이다. 미려한 정경 속의 물은 조형도에게 그리움을 증폭하는 역할을 했던 것으로 보인다.

조형도의 시에는 물을 포함하고 있는 아름다운 풍경이 수없이 나타난다. 이것은 그의 서정시인다운 면모를 보여주는 것이기도 하다. 그리고 단순히 아름다움의 묘사로만 그치는 것이 아니라, 그 미려한 정경과 함께 곽재우나 오여벌과 같은 특정인을 떠올리기도 하고, 막연한 어떤 사람에 대한 그리움으로 확장되기도 했다. 이는 강호 내지 호해 등으로 표현되는 자연이 그의 일상과 맞물려 있기 때문이다. 강호는 다양한 사람들과 만나고 헤어지면서 사연을 만들어 내는 곳이므로, 이러한 사연에 대한 기억이 결국 아름다운 공간과 결부되면서 그리움의 정서로 표출될 수 있었던 것이다.

풍류와 함께하는 물

물은 영원히 흐르기도 하고 흘러 돌아오지 않기도 한다. 대부분의 성리학자들은 물의 영원성에 주목한다. 이것은 앞서 제시한 이황의 시조에서도 본 바다. 그러나 조형도는 달랐다. 물이 흘러가서 돌아오지 않는 순간성에 더욱 많은 관심을 보이고 있기 때문이다.[338] 쌍계정에서 "누대의 풍류는 물을 따라 가 버렸다(累代風流隨逝水)"[〈쌍계정에서 개 자시에 차운함(次雙溪亭開字韻)〉]라고 하거나, 영호루에서는 "고금의 역사는 찬 물결처럼 흘러갔다(今古寒波逝)"[〈영호루 옛터를 지나며(過映湖樓舊墟)〉]라고 한 것이 모두 그러한 것이다. 이처럼 흘러 돌아오지 않는 시간을 발견한 조형도는 시주(詩酒)로 풍류를 즐기며 그 쓸쓸함을 달래고자 했다. 그의 작가적 면모가 가장 부각되는 부분이라 하겠다. 우선 다음 자료를 주목하자.

역촌(驛村)과 10리가량 떨어진 위쪽에 한 골짜기가 양쪽으로 열려 있었다. 작은 냇물이 그 중간을 흐르는데 반석 하나가 있어 대여섯 명 정도는 앉을 수 있었다. 드디어 말에서 내려 옷을 벗고 손발을 씻은 뒤 술병과 술잔을 들고 반석 위에 안주를 벌여 놓았다. 혹은 자작(自酌)하고 혹은 권하면서 각자 몇 잔씩을 마시니 정신이 상쾌하고 의기가 나는 듯해, 갑자기 자신이 속세에서 왔다는 것을 깨닫지 못했다. … 시내를 따라 내려오면서 노래하고 화

---

338) 문학은 철학과 달리 물의 영원성보다 순간성을 주목한다. 정우락, 〈한국문학에 나타난 물 이미지의 이항대립과 그 의미〉, 《퇴계학과 유교문화》 48, 경북대 퇴계연구소, 2011, 87쪽 참조.

답하며, 앉았다가 눕기도 했으며, 또한 마시고 읊으며 혹은 벼랑에 쓰고 혹은 돌에 쓰니 모두 약간의 시편이 되었다.339)

〈오선동기(五仙洞記)〉의 일부다. 1615년에 이준(李埈, 1560~1635)이 영천으로부터 조형도의 아우인 조준도(趙遵道, 1576~1665)의 방호정을 찾아왔는데, 조형도와 신집(申楫, 1580~1639), 권익(權翊, ?~?) 등과 함께 청송의 자하동을 유람하게 되었다. 위의 글은 당시에 적은 기록이다. 이들은 이곳을 오선동(五仙洞)이라 명명하고 서로 신선의 이름을 짓고 부르며 즐거워했다. 즉, 이준은 상산일호(商山一皓), 신집은 청부도인(靑鳧道人), 권익은 청부우인(靑鳧羽人), 조준도는 송악서하(松岳棲霞)라 했고, 조형도는 청계도사(靑溪道士)라 했던 것이다. 그리고 먹을 갈아 벼랑에 썼는데, 먹은 신집이 갈았고, 사다리를 놓고 쓴 사람은 조준

---

339) 조형도, 《동계집》 권4, 〈오선동기(五仙洞記)〉, "去驛十里而上有一峽門雙開, 小溪中注, 而得一磐石可坐五六人, 遂解鞍脫衣, 盥手濯足, 引壺觴而拱骰果于石, 或自酌, 或傳飮各數器, 而神魂爽塏, 意氣飄越, 忽不覺此身來自塵埃中也. … 沿溪上下, 行歌背答, 爰坐爰臥, 且酌且詠, 或題于崖, 或書于石, 總若干篇".

도였다. 이처럼 조형도는 자연 속에서 일어나는 고도한 흥취로 풍류를 즐겼다. 시주가 이러한 풍류를 더욱 증폭하는 역할을 했음은 물론이다.

조형도의 시에는 풍류라는 말이 많이 등장한다. "예전 풍류의 일 모두 허사로다(疇昔風流事已空)"[〈철성에서의 감회(鐵城感懷)〉], "산양의 태수는 예전의 풍류일세(山陽太守舊風流)"[〈양위남 상사에게 드림(贈梁上舍渭南)〉], "형승은 천고에 빼어나고, 풍류는 온 고을에서 즐기네(形勝雄千古風流說一州)"[〈남원 광한루에 올라(登南原廣寒樓)〉]라고 하는 등의 허다한 시구가 그것이다. 이 때문에 신집은 조형도의 만사에서 "덕이 높은 우리 고을의 어른, 풍류는 높아 보통 사람보다 빼어났네(有美吾鄉老 風流迥出凡)"[〈동계 조 공 만사(輓東溪趙公)〉]라며 안타까워할 수 있었다. 다음 두 시는 조형도가 자연과 더불어 즐겼던 풍류를 압축적으로 보여준다.

(가)
승경 찾아 술 마시자던 약속 예전에 했더니
회동해 오늘 보니 마음이 은근하네
지난날의 유람은 삼 형제가 했는데
오늘의 풍류는 네 사군과 함께라네

두루미의 술, 물결 같아 정이 저절로 기울어지고
세월이 화살 같아 해가 장차 지려고 하는구나
세상사에 이끌려 서로의 이별 재촉하지 마시게
뱃사공 거듭 오니 길은 나누어지지 않았다네

探勝期酬昔所聞　盍簪340)今見意慇懃
他時宿賞三兄弟　此日風流四使君
罇酒若波情自倒　韶光如箭日將曛
莫牽世務催相別　舟子重來路不分341)

(나)
나의 형제 그리고 마음을 아는 벗들과 함께
선인이 오르셨던 옛날의 대에 올랐네
한 세대의 풍류 지금은 어디에 있나
백 년의 경물이 지금까지 전해지는데

---

340) 합잠(盍簪) : 합잠의 '잠(簪)'은 모임이요 또 빠름이니, 곧 합(合)해서 좇는다는 것으로 '뜻 맞는 이들이 서로들 달려와 회동하는 것'을 말한다.
341) 조형도,《동계집》권2,〈허항 후, 의흥수령 조한빈, 신녕수령 성역, 전 삭녕수령 도경유와 함께 계정에서 이야기를 나눔(與許侯恒·義興倅曺漢賓·新寧倅成櫟·前朔寧倅都慶兪, 共話溪亭)〉.

하느님이 보내 주는 달님이 나오시니
앉은 손님들은 술잔 재촉하는 것을 싫어하지 마오
빼어난 경치는 시 짓기에 합당하나
등한히 돌아가는 재주 없는 내가 부끄럽구나

吾兄弟與知心友　攜上先人昔日臺
一世風流何處在　百年雲物至今來342)
天工好送銀燈出　坐客休嫌玉斝催
勝景政宜詩句拾　不才羞我等閒廻343)

   앞의 작품은 허항(許恒), 조한빈(曺漢賓), 성력(成櫟), 도경유(都慶兪) 등과 함께 동계정에서 읊은 것이고, 뒤의 작품은 형제들과 함께 선인의 정자인 망운정에 올라 지은 것이다. 여기서 공통적으로 나타나는 것은 물이 있는 빼어난 경치, 사람들과 함께하는 즐거움, 그리고 시와 술의 등장이다.

---

342) 백년운물지금래(百年雲物至今來) : 《춘추좌씨전(春秋左氏傳)》 희공(僖公) 5년 정월 신해일 초하루 기사에, "희공이 마침내 망루에 올라 하늘을 바라보며 운물을 기록하게 했으니, 이는 예에 맞는 일이었다(遂登觀臺以望, 以書雲物, 禮也)"라는 기록이 보인다.
343) 조형도, 《동계집》 권2, 〈망운정 유허 모임의 유감(會望雲亭遺墟有感)〉.

바로 이 지점에서 그는 풍류를 제시하고 있다. 앞의 작품에서 "오늘의 풍류는 네 명의 사군(使君)과 함께하네"라고 했고, 뒤의 작품에서는 "한 세대의 풍류 지금은 어디에 있나"라고 한 것이 그것이다. 특히 산수 속에서 시주(詩酒)와 함께하는 그의 풍류는 특별한 측면이 있었다. 다음 작품을 보자.

> 응암산 아래 시냇물이 깊게 흐르나니
> 흙을 쌓아 대를 만들어 몇 번이나 굽어보았던고
> 술잔을 잡고 석양의 무한한 경치를 바라보노라니
> 봄뜻과 밝은 달의 마음을 새들이 전해 주네

> 鷹巖山下水流深　築土成臺幾俯臨
> 酒倒斜陽無限景　鳥傳春意月明心[344]

시냇가에 대를 쌓아 놓고 그 위에서 술을 마시며 석양을 즐기는 조형도의 모습이 완연하다. 물과 술과 시가 함께하는 풍류의 세계를 적극적으로 나타냈다고 하겠다. 이러한

---

344) 조형도, 《동계집》 권3, 〈용담(龍潭)〉.

조형도의 자연 감상법은 〈용당의 야화(龍堂野話)〉라는 작품에서도 잘 드러난다. 이 작품을 보면 30여 명이 용당에 모여 시주를 즐겼는데, 여기서 그는 시냇가 버드나무에다 휘장을 쳐서 바람을 막고 북해의 술두루미가 만경창파를 들이마셨다면서 시주와 함께하는 도도한 풍류를 마음껏 펼쳤다. "동해의 성 가에서 사람들은 술을 마시고, 서쪽 숲 정자 위에서 손님들이 시를 읊조리네(東海城邊人佩酒, 西林亭上客吟詩)"[〈오경허의 시운에 차운함(次吳景虛韻)〉]라고 하거나, "비 내린 남쪽 시내의 물소리는 시축을 더하고, 달 밝은 동쪽 바다에 술집이 우뚝하네(雨鳴南澗添詩軸, 月滿東溟聳酒樓)"[〈계중을 증별하며 회산백에게 드림(贈別季重兼呈檜山伯)〉]라고 한 허다한 시구도 같은 맥락에서 읽힌다.

   조형도가 시내나 강가에서 벗들과 함께 시주를 즐겼던 풍류 경계는 그의 작가적 면모를 유감없이 보여 주는 대표적인 사례가 된다. 아름다운 강호 속에 살면서, 여러 벗들과 함께 소요하고 음주하면서 즐겼던 풍류의 세계는 고단한 현실 세계로부터의 탈출구 역할을 했을 것이다. 조형도는 이 과정에서 주체할 수 없는 흥취를 시 문학 작품에 고스란히 담고자 했다. 여기서 우리는 조형도의 문학적 취향과 작가적 면모를 가장 잘 이해할 수 있게 된다. 그것은 자연과 흥, 흥과 술, 술과 시가 서로 맞물리면서 그의 시 세계에 낭만주

의적 색채를 부여하는 것이기도 했다.

성찰 도구로서의 물

학자들에게 물은 대표적인 성찰의 도구로 작용한다. 이것은 물이 거울처럼 자신을 비춰 주는 역할을 하기 때문이다. 성찰은 함양과 함께 성리학에서 심성 수양의 중요한 방법론 가운데 하나다. 함양이 심성의 본원을 배양하고자 하는 것이라면, 성찰은 일의 상황에 따라 마음속에서 이(理)를 살펴 터득하는 것이다. 따라서 성찰은 함양의 공부이고, 함양은 성찰의 전제다. 조선의 수많은 성리학자들은 거의 모두가 이 개념으로 수양하고 실천했다 해도 과언이 아니다. 이러한 입장에서 조형도의 시를 읽으면, 그의 성리학자적 면모가 보인다. 물은 이를 위한 새로운 소재이며 대표적인 소재다.

조형도는 무과에 급제한 무인일 뿐만 아니라 성리학적 저술이 거의 없다는 측면에서 이와 관련한 문학적 표출은 제한적일 수밖에 없다. 그러나 그의 시 문학을 일별해 보면 이에 대한 고심의 흔적이 다수 발견된다. 그는 요순의 심법이 공자와 송나라의 선현들을 거쳐 조선으로 전해진다고 믿었다. 조선의 많은 성리학자들은 물속에 비치는 천고의 달빛을 통해 이를 인식하고 있었는데, 조형도 역시 마찬가지였다. 일찍이 그는 〈스스로 경계함(自警)〉이라는 작품에서 이에 대한 생각을 구체화한 바 있다. 다음 작품이 그것이다.

오직 정밀하고 오직 한결같이 해서
요순이 그 가운데를 잡으라 했네
존양이 모두 천리요
성경은 성인의 공부라네
사단은 발하는 곳이 갖추어져 있어
수많은 변화는 고요할 때 통한다네
공자의 학문이 염락에 전해지니
물속에 비친 천추의 달빛으로 빛나네

惟精故惟一　堯舜執其中
存養皆天理　誠敬是聖工
四端發處備　萬化靜時通
魯叟傳濂洛　千秋水月籠345)

위작 논란이 있지만 성리학자들은 요순의 심법이 《서경(書經)》〈대우모(大禹謨)〉에 나오는 "인심유위(人心惟危)

---

345) 조형도, 《동계집》 권3, 〈스스로 경계함(自警)〉.

도심유미(道心惟微) 유정유일(惟精惟一) 윤집궐중(允執厥中)"이라는 16자에 있다고 믿었다. 주희 등 송유(宋儒)가 이 것을 '요(堯)→순(舜)→우(禹)' 세 성인이 마음에서 마음으로 전했던 심법(心法)으로 제시한 뒤, 성리학자들은 이를 개인의 수양과 치국(治國)의 원리로 삼아 거듭 암송하며 기회 있을 때마다 강조했다. 조형도 역시 수련에서 보이듯이 요순의 심법을 제시했고, 함련에서는 존양(存養)과 성경(誠敬) 등 수양론의 주요 용어를 떠올렸다. 그리고 미련(尾聯)에서는 공자와 주돈이, 정호 등을 생각하며 물속에 비친 천추의 달빛을 노래했다. 이러한 생각은 다음과 같은 작품을 가능케 했다.

    하룻밤에 날씨가 몹시 추워
    한밤중부터 얼기 시작했네
    달빛 내려왔지만 빛은 일정하지 않고
    바람이 불어도 물결은 일렁이지 않네
    근원의 물소리 듣고자 한다면
    마땅히 거울에 사람을 비춰 보아야 하리
    깊은 연못에 다다른 듯한다는 경계 있었고
    얇은 얼음 밟는 듯한다는 것을 어찌 잊으리

一夜天寒重　三更凍始新
　　月來光不定　風動浪無鱗
　　欲聽源收響　當看鏡照人
　　臨深曾有戒　履薄敢忘身346)

　작은 연못이 추위로 인해 갑자기 얼었다. 이에 촉발되어 지은 작품이 위의 〈연못이 얼다(池冰)〉다. 한밤부터 얼기 시작한 사정, 얼음이 얼어 달빛이 일정하게 비치지 않고 바람이 불어도 물결이 일렁이지 않는 정경 등을 먼저 제시했다. 이후 '근원의 물소리'를 말했는데, 이는 맹자가 "물을 보는 데는 방법이 있으니, 반드시 물결을 보아야 한다"347)라고 한 말을 염두에 둔 것이다. 그 근원은 본성 회복의 의미와 결부되어 있으므로 거울로 비춰 성찰하라고 했다. 그 성찰은 바로 마음을 잡는 것, 즉 조심(操心)과 다름없기 때문에, 자연히 미련에서 "깊은 못가에 다다른 듯, 얇은 얼음을 밟는 듯"348)이라며 마무리했다. 우리는 여기서 조형도 수양론의

---

346) 조형도,《동계집》권3,〈연못이 얼다(池冰)〉.
347)《맹자(孟子)》,〈진심장구(盡心章句)〉상(上), "觀水有術, 必觀其瀾".
348)《시경(詩經)》,〈소아(小雅)〉, "如臨深淵, 如履薄氷".

진지성과 치열성을 발견하게 된다. 그는 더욱 나아가 아래와 같이 마음의 본체에 관심을 두기도 했다.

> 반 이랑 되는 모난 연못에 활수가 돌아드니
> 밝은 달 고요한 물결이 거울로 온전히 펼쳐진 듯
> 노니는 물고기는 천 리를 갈 수 없다고 말하지 말라
> 실패는 하나의 우레로부터 일어나는 것을

> 半畝方塘活水回 月明波靜鏡全開
> 游魚莫道無千里 點額從來起 -霑349)

조형도는 망운정 주위의 풍경 여섯 곳을 지정해 각기 시를 짓는데, 위의 작품은 그 첫째인 〈작은 연못(小池)〉으로 주희의 〈관서유감(觀書有感)〉을 생각하며 쓴 것이다. 주희는 여기서 인간의 마음을 방당(方塘)으로 설정해 '천광운영(天光雲影)'으로 표상한 천리유행(天理流行)의 이치를 노래하고자 했다.350) 앞의 두 구절이 바로 이를 용사한 것이다.

---

349) 조형도,《동계집》권3,〈망운정 잡영 · 작은 연못(望雲亭雜詠 · 小池)〉.
350) 이에 대해서는 필자의《남명문학의 철학적 접근》(박이정, 1998)

조형도는 이러한 수양은 자연 속에서의 안분(安分)으로 가능하다고 믿고 있었다. 즉, 황하 상류에 있는 용문(龍門)의 급류를 뛰어오르는 고기만 용이 된다는 고사를 인식하면서, 작은 연못에서 천 리를 갈 수 없다고 하지 말라고 했다. 용문으로 나아가다 결국은 '점액(點額)'하고 만다는 것이다. 점액은 용이 되지 못하고 용문으로 뛰어오르다 오히려 머리에 상처를 남긴다는 고사를 인용한 것이니, 그의 생각이 어디에 있는가 하는 것을 알 수 있다.

성리학자들의 수양론은 '알인욕(遏人欲) 존천리(存天理)'로 요약되는데, 그 역시 이에 투철했다. 모당(慕堂) 손처눌(孫處訥, 1553~1634)에게 시를 지어 주며, "사흘 동안 옥동의 놀이를 뒤따르며, 욕심을 흐르는 물에 모두 부친다네"[351]라고 하거나, 여러 벗들과 오선동에서 노닐면서 "시냇가 고운 풀은 푸르기가 요 같은데, 즐거이 시내에 다다라 티끌을 다 씻는다"[352]라고 했다. 그리고 간송(澗松) 조임도

95~96쪽에서 자세하게 다루었다.
351) 조형도, 《동계집》 권1, 〈모당 손기도의 시에 차운함(次慕堂孫幾道韻)〉, "三日追隨玉洞遊, 盡將塵土付溪流".
352) 조형도, 《동계집》 권1, 〈오선동에 노닐며 바위에 대해 함께 지음(遊五仙洞 題石共賦)〉, "澗邊瑤草綠如茵, 爲愛臨流洗客塵".

(趙亨道, 1585~1664)에게 "번뇌를 씻으려 느릿한 걸음으로 노니나니, 푸른 물결 밝은 곳에 티끌을 씻어 다 없애네"353)라고 했다. 모두 조형도가 물의 세척 기능을 인식하면서 성찰을 통한 수양론적 의지를 굳게 하고 있었던 사정을 알게 하는 부분이다.

성리학자들은 흔히 물을 성찰 도구로 인식했다. 이것은 두 가지 이유에서였다. 하나는 물이 사물을 비추는 역할을 하기 때문이다. 특히 지수(止水)인 연못이 그 역할을 담당했으므로 작가들은 연못을 즐겨 마음에 비유했다. 다른 하나는 물에 세척의 기능이 있기 때문이다. 속세의 티끌을 씻어내고 본성을 회복하자는 생각을 물로써 했던 것이다. 조형도가 성리설에 대한 언설을 남긴 것은 없지만 수양론적 시각에서 자연을 바라보았기 때문에 가능했다. 이러한 사실은 조형도가 성리학에도 깊은 관심을 갖고 있었다는 것을 방증하는 것이라 해도 좋을 것이다.

---

353) 조형도, 《동계집》 권3, 〈종제 치원 임도에게 드림(贈從弟致遠任道)〉, "爲滌煩敲晩步遊, 碧波明處洗塵休".

역사 현실과 결합한 물

조형도는 역사 현실에 대단히 민감하게 반응했다. 임란이 발발하자 곧바로 동생 지악(芝嶽) 조동도(趙東道, 1578~1668)와 함께 곽재우의 진영으로 달려가 보국을 위해 노력한 것에서 이러한 사실이 잘 나타난다. 이것은 그가 자신의 영달이나 안위를 위해 역사 현실을 등지지 않고 시사(時事)를 급무로 삼았다는 것을 의미한다. 그가 무과에 지원한 것도 같은 이유에서였다. 〈유사〉에 따르면, 갑오년(1594, 선조 27)에 조정에서 문무 인재를 뽑을 때 조형도는 "선비가 이 나라에 나서 나라의 운명이 이와 같이 어려운 때에 어찌 어리석게도 시사를 모르고 구습만을 지켜 군부(君父)의 위태함을 구하지 않겠는가!354)"라고 하면서 무과에 응시해 바로 합격했다고 한다.355) 우리는 여기서 시사에 대한 조형도

---

354) 조기영, 〈유사〉(《동계집》 권5), "士生王國, 國步如此, 豈可守株而不急君父之難乎!"

355) 〈유사〉를 쓴 조기영은 여기에 대해 "이 소식을 듣고 어떤 이는 장하게 여겼으나, 공의 문학(文學)을 아는 사람은 모두 애석하게 생각했다"라고 적고 있다. 여기서 말하는 '문학'은 '학문'을 의미한다. 당시의 많은 사람들은 조형도가 문과에 합격해 문신이 되거나, 그렇지 않으면 초야에서 큰 학자가 될 것을 기대했다. 그러나 조형도는 이를 버리고 급무인 시사(時事)를 더욱 중요하게 생각해 무신이 되어 나라를 구하

의 대응이 얼마나 기민했던가 하는 부분을 알게 된다.

무과에 급제한 조형도는 혹은 사양하고 혹은 나아가면서 다양한 관직 생활을 수행한다. 이 과정에서 포착되는 그의 대표적인 마음이 '우국(憂國)'이다. 조형도는 왜와 청의 침입에 대해 다 같이 분개했다. 특히 청나라는 조선에 대한 강한 위협을 가져다준 존재이면서, 동시에 중원의 문명을 파괴하는 존재라 생각했다. 조형도는 정월 초하루를 맞아 〈원일에 번민하며 지음(元日憤題)〉라는 시를 지은 적이 있었는데, 여기서 그는 청노(淸虜)가 보낸 글에 몹시 패악한 말이 있다고 하면서, "이천(伊川)의 땅이 백 년이 못 가 오랑캐가 되겠구나"356) 라며 길이 탄식했다. 조선과 중국을 함께 걱정하고 있었던 것이다. 조형도의 우국심은 다음 작품에 적실히 드러난다.

는 데 앞장섰다.
356) 조형도, 《동계집》 권3, 〈원일에 번민하며 지음(元日憤題)〉, "不待伊川百歲至, 坐看人物左衽歸". 조형도는 이 시에서 오랑캐가 보낸 편지에 패악한 말이 있다면서 위협을 느꼈고, 성리학의 본원을 의미하는 정이(程頤)의 고향인 이천(伊川)이 오랑캐로 변할 것이라며 문명의 위기를 느끼고 있다.

(가)
좋은 시절은 스스로 봄과 함께 지나가고
골짜기는 쓸쓸해 좋은 일이 없구나
나의 아우 근심 안고 있고 나 또한 병이 들어
어느 때 다 버리고 술동이나 마주할까

佳期自與春期逝　洞裏蕭條好事空
吾弟抱憂吾亦病　何時拋卻對罇同

(나)
남의 근심을 걱정하고 남의 기쁨을 즐거워하니
근심할 날 항상 많고 즐거운 날은 거의 없네
하물며 이 몸의 근심은 나라를 위한 근심이라
언제나 근심 잊고 즐겨나 볼까

憂人憂與樂人樂　憂日常多樂日無
況此身憂憂在國　何時可樂忘憂虞357)

위의 작품은 늦은 봄을 맞이해 지은 〈모춘(暮春)〉이라는

---

357) 조형도,《동계집》권2,〈모춘(暮春)〉.

시 두 수다. 이 두 작품에서 우리는 근심으로 가득한 조형도를 만날 수 있다. (가)에서는 이유를 알 수 없지만 동생 때문에 근심이 많다고 했고, 그 역시 병으로 근심한다고 했다. (나)에서는 (가)의 근심과 병의 이유를 밝히고 있다. 그것은 다른 사람의 근심을 근심하기 때문인데, 그 근심과 병이 또한 우국에서 기인한 것이라 밝히고 있다. 이는 실천적 생애를 살았던 조형도의 마음이 잘 드러나 있는 부분이라 하겠다. 우리는 여기서 나라로 향해 있는 그의 마음을 구체적으로 이해하게 된다. 그렇다면 이러한 마음이 물과 어떻게 결합될 수 있는가? 다음 작품을 보자.

> 오경의 비바람 들이치는 복파(伏波)장군의 병영,
> 멀리서 온 나그네 처량한 마음이 얼마던고?
> 베갯머리 남은 촛불은 밝다가 어두워지고
> 성 밖의 늦은 조수 소리 끊길 듯 이어지네
> 장군의 날쌘 의지는 남쪽 지방을 편히 하리니
> 임금께서 항상 생각하는 것은 빠른 북벌이라네
> 조정에선 이때 승산이 많을 것이니
> 충국처럼 응당 금성을 지키시리

五更風雨伏波營 多少悽然遠客情

明滅枕邊殘燭影 斷連城外晚潮聲
將軍銳意安南顧 聖主勤思急北征
廊廟此時多勝筭 應將充國守金城358)

　이 작품은 동계(東溪) 이운룡(李雲龍, 1562~1610)359)에게 준 시다. 조형도는 우선 통제사 이운룡의 병영을 동한의 복파장군 마원(馬援)의 병영에 비겼다. 그러나 그 병영에는 풍우가 몰아치고, 성 밖에서 조수 소리가 끊어질 듯 이어지는 것을 본다. 이를 통해 자연스럽게 왜병을 근심하게 된다. 그러나 이운룡이 있어 남쪽 지방을 안정시킨다고 하면서 그를 한나라의 노충신 조충국(趙充國)360)에 다시 비겨

---

358) 조형도, 《동계집》 권1, 〈통제사 이운룡에게 드림(贈李統相雲龍)〉.
359) 이운룡(李雲龍, 1562~1610) : 임진왜란 최초의 승전인 옥포해전에 참여해 선봉장으로서 혁혁한 공을 세운 인물이다. 전쟁이 끝나고 그는 내직으로는 도총부부총관·비변사당상관을 지냈고, 외직으로는 삼도수군통제사에 임명되어 국가의 중요 군직에 복무하면서 많은 공적을 남긴 인물이다.
360) 조충국(趙充國) : 한나라의 무장이다. 《한서(漢書)》 권69에 따르면 그는 70세가 넘은 나이로 병사(兵事)를 직접 처리하면서 뛰어난 계책을 올려 많은 전공을 세웠다고 한다.

찬양했다. 이처럼 현실과 닿아 있는 자리에 물이 있었으며, 물소리를 통해 우국의 정서를 표출했던 것이다. 사정의 이러함은 그의 시 문학에서 물이 얼마나 다양하게 활용되고 있는가 하는 것을 보여 주기에 충분하다. 다음 작품도 같은 맥락에서 읽을 수 있다.

(가)
보배를 흩는 것이 천금보다 무겁지만
몸을 버리는 것을 하나의 가벼운 깃털처럼 했네
손으로는 일 척의 검을 잡고 휘두르고
강 위로는 긴 성을 일으키네
서쪽으론 임금에게 충성하는 마음을 뿜어내고
남쪽으론 나라를 굳게 하는 명성을 드날리네
옛 도읍으로 행차를 되돌리게 했으니
작은 왜적을 평정하는 것이 어렵지 않겠네

散寶千金重 捐身一羽輕
手中揮尺劍 江上起長城
西奮忠君膽 南馳壯國聲
故都行返駕 小醜不難平361)

(나)
풀 무성하고 꽃 시든 늦은 봄 즈음에
흰 모래 푸른 물에 티끌도 일지 않네
누가 알았으리, 10년간의 전쟁 속에
옛날 같은 풍경이 다시 새로울 줄을

草織花殘欲暮春　沙明水碧不飛塵
誰知十載干戈裏　依舊風光更看新

앞의 작품은 전쟁이 발발하자 곽재우에게 지어서 바친 〈망우당에게 드림(贈忘憂堂)〉이다. 임란이 일어나자 조형도는 그의 진영에 들어가 적극적으로 의병 활동을 수행했다. 여기서 그는 곽재우를 들어 강 위로 긴 성을 일으켰다고 했는데, 왜적에 대한 방어를 이렇게 표현한 것이다. 임란이라는 특수 상황에 기인한 것이기는 하겠지만, 당시 그의 물 인식은 나라를 지켜야 한다는 역사 현실과 맞물려 나타나고 있었던 것이다. 뒤의 작품은 전쟁이 끝나고 지은 것인데, 고

---

361) 조형도, 《동계집》 권1, 〈망우당에게 드림(贈忘憂堂)〉.
362) 조형도, 《동계집》 권1, 〈장인 죽유 오운 선생과 상사 민근효를 모시고 방대에서 노닒(陪外舅竹牖吳先生澐, 閔上舍根孝遊方臺)〉.

요한 물을 통해 전쟁 전의 평화로운 정경을 회상하고 있다. 이때의 정경은 회복 내지 복구의 의미를 지니고 있어 이 역시 역사 현실과 결합해 있는 것이라 하겠다.

조형도는 당면한 역사 현실을 주목했으므로 무과에 급제해 무장이 되었다. 이것은 애민 정신에 입각한 지식인의 사회적 책무에 기인한 것일 테다. 우리의 주제인 물과 관련해서 볼 때, 끊겼다 이어지는 물소리를 통해 왜적을 근심하기도 하고, 낙동강을 막아 내던 곽재우를 들어 강 위에서 긴 성을 일으켰다고 했다. 물론 물의 존재 양상이 다르고, 이에 대한 감정의 방향이 다를 수 있지만, 물을 통해 역사 현실을 인식하고 있다는 것은 조형도 시 세계 일부가 이를 향해 있다는 것을 의미한다. 우리는 여기서 물에서 역사 현실을 발견하고, 이를 통해 조형도의 우국심이 더욱 견고해진다는 것을 간파하게 된다.

강호락과 묘당우 사이

조선조 사대부의 생활은 자연과 현실 사이에 놓여 있었다. 이것은 그들의 출처관과 맞물려 있기 때문이다. 선비들은 이 출처관에 따라 출사하기도 하고 퇴처하기도 했다. 출사는 정치 현실로 나아가는 것이고 퇴처는 자연 속으로 은거하는 것이다. 조형도 역시 마찬가지였다. 〈전군보에게 드림(贈全君輔)〉라는 시에서 '진퇴를 사세에 따라 했다'[363]라는 발언에서도 이 부분을 충분히 감지하게 된다. 출사와 퇴처 과정에서 형성된 것이 바로 자연 사랑인 '강호락(江湖樂)'과 나라 사랑인 '묘당우(廟堂憂)'다. 그는 당대의 특수한 역사적 상황 속에서 퇴처를 통해 강호락을 즐기기도 하고, 무장으로 현실에 참여하며 묘당우의 나라 사랑 또한 강력하게 실천했다.

앞에서 살펴보았듯이 조형도 시 문학에 나타난 물의 존재 양상은 넷으로 나눌 수 있다. 바로 미려한 정경 속의 물, 풍류와 함께하는 물, 성찰 도구로서의 물, 역사 현실과 결합한 물 등이다. 첫 번째가 조형도의 서정적인 측면이 강조된 물이라면, 두 번째는 유흥적인 측면이 강조된 물이다. 그리고 세 번째가 성리학적 측면이 고려된 물이라면, 네 번째는 무장의 측면이 강조된 물이다. 이처럼 물은 조형도의 다양한 모습을 알 수 있게 하는 대표적인 소재로 활용되었고, 작

---

363) 조형도, 《동계집》 권3, 〈전군보에게 드림(贈全君輔)〉, "進退隨儕旅, 天時及畝疇".

품에 보이는 네 가지 존재 양상은 이를 가장 명시적으로 보여 준다.

강호락과 묘당우라는 관점에서 조형도의 시를 관찰할 수도 있다. 즉, 미려한 정경 속의 물, 풍류와 함께하는 물, 성찰 도구로서의 물, 이 셋이 강호락의 측면에서 창작한 작품이라면, 마지막의 역사 현실과 결합한 물은 묘당우의 측면에서 창작한 작품이다. 한시가 정서를 형상하는 데 특장이 있는 장르이므로 조형도의 시 문학에는 역사 현실과 결합한 작품이 비교적 적게 나타날 수밖에 없다. 이처럼 그의 시정신은 강호락과 묘당우 사이에서 어떤 지점을 형성하고 있다고 하겠는데, 다음 작품은 이를 가장 명시적으로 보여 준다.

> 사나이 품은 마음 언제나 다할 건가
> 강호의 즐거움과 묘당의 근심이라네
> 오늘 새로운 해는 하늘가로 가 버리고
> 여전한 옛 친구가 성 아래 머물렀네
> 한 두루미의 좋은 술에 반가운 기색 가득하나
> 수많은 일에 흰머리만 더하는구나
> 만나는 곳에서 티향의 말 하지 마소
> 말을 듣게 되면 나그네의 시름만 더해 간다오

男子存心幾日休　江湖之樂廟堂憂
　　卽今新歲天涯去　依舊故人城下留
　　政好一壔青滿眼　那堪萬事白添頭
　　逢場且莫他鄕說　說到徒增客思悠364)

　위의 시 수련(首聯)에서 조형도는 남자로서 품은 마음이 '강호락'과 '묘당우'에 있다고 했다. 이것은 자연 속에 퇴처해 있을 때는 산수의 즐거움을 누리고, 조정으로 출사했을 때는 나라를 걱정하면서 자신의 포부를 펼치는 것을 말한다. 조선조 선비들의 이상이 바로 여기에 있었고 조형도 역시 마찬가지였다. 그가 61세 되던 해인 1627년(인조 5)에 정묘호란(丁卯胡亂)이 일어났다. 당시 조정에서는 그를 괴산군수에 제수했는데, 조형도는 이를 몹시 부끄럽게 여겨 사직 상소를 올린다. 괴산은 조령 옆에 있는 벽지였기 때문에 오히려 난을 피해 숨기에 적당한 곳이었기 때문이다. 다음은 사직소의 일부다.

　신은 본디 일개의 한천(寒賤)한 무관으로 작위가 2품의

---

364) 조형도,《동계집》권3,〈언양에서 권선초를 방문해 벽 위에 쓴 시에 차운함(彦陽訪權善初, 次壁上韻)〉.

반열에 있어 품계가 낮은 다른 무신에 비할 바가 아닙니다. … 하물며 신이 새로 제수받은 고을은 조령의 곁에 치우쳐 있습니다. 신이 비록 늙었으나 오히려 힘을 다해 스스로 힘써야 하거늘 어찌 감히 산골짜기의 고을에 편하게 있으면서 이처럼 위급한 때를 당해 한번 목숨을 바치지 않겠습니까?365)

1627년 1월 청나라가 침입했고, 조정에서는 영장(營將) 제도를 만들어 조형도를 진주와 상주 등지의 영장으로 추천했다. 그러나 그는 부임하지 않았고, 다시 괴산군수를 제수했지만 위에서 제시한 것과 같은 이유로 부임하지 않았다. 이후 조정에서 그의 사직을 윤허하지 않자 7월에 잠시 부임했다가 돌아왔다. 이에 대해 유치명(柳致明, 1777~1861)은 〈동계 조 공 유집 서문(東溪趙公遺集序)〉에서, "반드시 칼날을 무릅쓰고 죽음으로 싸워서 장한 뜻으로 능히 행할 수 있었지만 조정에서 허락하지 않았다. 마침내 병으로 고향에

---

365) 조형도, 《동계집》 권4, 〈괴산 군수를 사직하는 소(辭槐山郡守疏)〉, "臣木介冑之一寒賤也, 爵列二品, 非他秩卑武臣之比. … 況臣新除之郡, 僻在鳥嶺之傍, 臣雖年老, 猶可以筋力自勉, 何敢自便於山郡, 不一效命於當此危急之秋乎?"

돌아가 친붕과 더불어 풍월을 읊으면서 자적(自適)했다"[366]라고 적고 있다.

 조형도는 무관으로 군수와 영장 등의 직책을 맡아 수행하기도 했지만, 그의 생각은 물이 있는 자연에서 자적하는 것이었다. 이 때문에 〈청학을 생각함(憶靑鶴)〉에서 "달이 있으나 뉘와 함께 감상하며, 시가 없어 마음을 싣지 못하겠네. 궁벽과 통달은 몸 밖으로 버렸고, 헐뜯음과 명예도 세상에서 가벼웠네. 애오라지 즐기나니 맑은 시내 굽이, 고기 잡고 나무하며 나의 생을 보내리"[367]라고 할 수 있었다. '궁통(窮通)'과 '훼예(毁譽)'에서 벗어나 자연 속에서 한가로운 삶을 사는 것이 그의 진실한 꿈이었지만, 현실이 그를 그렇게 내버려 두지 않았던 것이다. 이 때문에 왜란이나 호란 등 나라가 위기에 봉착했을 때, 그는 자신의 직분에 투철하고자 했다. 즉, '강호락'과 '묘당우'를 동시에 추구했던 것이다. 다음 작품도 같은 맥락에서 읽힌다.

---

366) 유치명(柳致明), 《정재집(定齋集)》 권22, 〈동계 조 공 유집 서문(東溪趙公遺集序)〉, "必其有以推鋒爭死, 克壯厥猷者, 而朝廷莫之許也, 遂乃移病還山, 樂與親朋風詠以自適".
367) 조형도, 《동계집》 권1, 〈청학을 생각함(憶靑鶴)〉, "有月誰同賞, 無詩不遣情. 窮通身外謝, 毁譽世間輕. 聊樂靑溪曲, 漁樵老此生".

몸이 겨우 일곱 척이라 말하지 마소
스스로 기뻐하는 마음 모든 사내보다 낫다네
왜적 무찔러 임란 치욕 갚고자 했고
청로 토멸한 것이 어찌 높은 벼슬을 바라서리오
적토마가 마구간에서 땀과 피 흘리는 것 생각하고
송골매는 횃대에서 가을 하늘을 그리워하네
지금같이 황하가 맑은 날을 만났으니
임천에 누워 아무것도 구하지 않으리.

莫道身纔七尺長　自欣心有萬夫優
居蠻擬報龍蛇恥　滅虜安望虎燕侯
赤兔櫪間思汗血　蒼鷹架上戀橫秋
如今會値河淸日　合臥林泉百不求[368]

　조형도는 이 작품에서 먼저 자신의 강한 자의식을 드러냈다. 수련(首聯)에 보이는 어떤 사람보다 높은 '스스로 기뻐하는 마음(自欣心)'이 바로 그것이다. 이러한 자의식을 바탕으로 해서 왜군과 청군이 침입했을 때 이를 막기 위해 혼

---

[368] 조형도, 《동계집》 권1, 〈눈 내린 밤 회포를 적음(雪夜書懷)〉.

신을 다했으며, 이것은 치욕을 갚고자 한 것일 뿐 높은 벼슬을 바라고 그렇게 한 것은 아니라 했다. 이 시의 경련(頸聯)을 특별히 주목할 필요가 있다. 마구간에서 한혈(汗血)을 흘리고 있는 적토마와 가을 하늘을 그리워하고 있는 송골매로 스스로를 비유하고 있기 때문이다. 이는 그의 능력에 비해 세상에서 제대로 쓰이지 못하고 있다는 생각에서 기인한 것이다. 이로써 그는 자연에 귀의하고자 했던 것이다.

조형도가 물이 있는 미려한 풍경을 좋아하면서 강호락과 묘당우를 함께하고자 한 것은 47세에 어머니 허씨의 상기를 마친 후 동계정을 세운 데서 잘 나타난다. 동계정이 동계 가에 지은 것이니 당연히 그의 노래는 물이 중심이 되지 않을 수 없었다. "한 줄기 맑은 시내는 성의 동쪽이 가까운데, 몇 개의 서까래가 굽이굽이 흐르는 시내에 안겨 있구나"369)라 한 것이 그것이다. 동계(東溪)나 청계(淸溪) 등 조형도의 아호에서도 볼 수 있듯이, 물은 그의 의식 전반에서 매우 중요한 역할을 했다. 이를 바탕으로 그는 강호락과 묘당우의 문학적 정서를 표출했다. 조형도는 동계정에서 '사친(思親)'과

---

369) 조형도, 《동계집》 권2, 〈동계정(東溪亭)〉, "一練清溪近郭東, 數椽來抱曲流中".

'연군(戀君)'을 내세우며 다음과 같은 작품을 창작했다.

지금 효도를 하려 한들 누구에게 할 것인가
내가 이 세상에 나서 일개 궁인(窮人)이 되고 말았구나
손으로 고향을 어루만지나 생각이 어디에 미치며
눈으로 옛 모습 뵙고자 하니 그리움만 더욱 사무친다
소반 위에 비록 증자처럼 주육이 많지만
마루 위에서 노래자처럼 문안할 수 없으니 어쩌리
망망한 저승에선 소식도 없지만
보잘것없는 마음으로 공연히 부모님을 그리워하네.

欲孝如今更孰因　我生於世一窮人
手攀桑梓思何及　目接羹牆慕益新
盤上縱優曾酒肉　堂中奈欠老斑晨
茫茫九地無消息　寸草空懷六十春[370]

세 번 나고 한 번 죽는 것은 천지간의 법칙
입고 먹는 것 하나같이 임금께서 주신 은총이라네
어지러운 때를 만나 귀밑머리가 이미 희어졌으나

---

[370] 조형도,《동계집》권2,〈사친당(思親堂)〉.

높고 낮은 벼슬에 따라 성심이 어찌 달라지리
모든 별이 둥글게 늘어서서 북극성을 향하듯 하고
외로운 해바라기가 해를 따라 기울어지는 것 같네
연모하는 오랜 회포 어느 곳에서나 볼 수 있으리
처음부터 끝까지 이 집에서 평생을 지내리

生三死一地天經　衣祿絲毫聖賜榮
鬢白已緣時亂瘦　心丹寧間爵卑輕
自同衆宿環辰拱　政似孤葵向日傾
瞻戀老懷何處見　此軒終始有平生[371]

앞의 시는 동계정에 쓴 〈사친당〉이다. 고향에서 어버이를 모시고 사는 것은 '강호락' 가운데 으뜸이다. 그러나 10세에 양부, 33세에 생부가 돌아가셨고, 44세에는 생모 권씨, 45세에는 양모 허씨가 세상을 떠났다. 이제 그의 네 분 부모 가운데 한 분도 계시지 않으니 사무치는 그리움이 없을 수 없었고, 그 마음을 위의 '사친당'이라는 시에 담았다. 한때는 선고가 쓴 일기를 펼쳐 보면서 "평생 동안 남긴 사적 기록이 없었는데, 이제 와 받들어 살펴보니 눈물이 옷깃을 가득 적

---

371) 조형도, 《동계집》 권2, 〈연군헌(戀君軒)〉.

시네"372)라고 한 바도 있다. 그의 출중한 효심을 함께 읽을 수 있는 대목이다.

뒤의 시는 동계정에 쓴 〈연군헌〉이다. 그가 강호 속에 살고 있었지만 마음은 언제나 '묘당우'로 가득했다. 이 때문에 나라가 위기에 봉착했을 때는 몸을 사리지 않고 달려갔으며, 그의 사망 원인인 등창도 지천(遲川) 최명길(崔鳴吉, 1586~1647)이 청나라 진영에 왕래하면서 강화를 모색한다는 말을 들은 후 극도의 고민과 분개 때문에 생긴 것이라고 〈행장〉이나 〈유사〉 등에서는 전한다. 그는 이처럼 초야에 있으면서도 항상 정세에 민감했다. 63세 때 북쪽 오랑캐가 맹약을 저버리고 조선을 침략하려고 하자 시를 써서 분개했으며, 67세 때에는 다시 금나라가 제왕을 참칭하고 사신을 보내 협박한다는 말을 듣고 또 분노했다. 그의 '묘당우'는 이렇게 강렬한 것이었다. 그러나 그의 강한 묘당우도 강호락과 일정한 긴장 관계 속에서 구조화되어 있었는데, 이러한 사정이 다음 시에 잘 요약되어 있다.

---

372) 조형도, 《동계집》 권2, 〈선고의 일기를 열람하고 느낌이 있어(披閱先考日錄有感)〉, "行年事蹟記無餘, 奉玩如今淚滿裾".

일찍이 장래의 공명골에 비겼더니
오늘 늙은 사내가 되어 버렸네
위응물은 시를 늦게 배워 대성했고
정천은 술을 궁한 뒤에 즐겼다네
하늘은 멀어 마음은 언제나 북쪽에 매달려 있었고
서신은 더디어 소식은 남쪽으로 끊겼다네
소나무 처마가 시원한 곳에 있었으니
종일토록 단잠을 즐길 수 있다네.

曾擬功名骨　今成老大男
韋郞詩晚學　鄭叟酒窮耽
天遠心懸北　書遲鴈絶南
松簷凉有地　終日著眠酣373)

〈우연히 지음(偶題)〉이라는 작품이다. 젊은 시절에는 무장으로 공명을 바랐고, 당나라의 시인 위응물(韋應物, 737~792)처럼 시를 늦게 배웠으며, 삼국 시대 오나라 사람 정천(鄭泉)처럼 술을 즐겼다고 했다.374) 이러한 사정이 수련

---

373) 조형도, 《동계집》 권2, 〈우연히 지음(偶題)〉.
374) 삼국 시대… 즐겼다고 했다 : 오나라 사람 정천은 술을 좋아했던

과 함련에 두루 나타나 있다. 조형도는 이처럼 시주의 강호락을 즐겼지만, 그의 생각은 북쪽에 매달려 있고, 북쪽에서 오는 소식이 남쪽으로 끊긴다고 했다. 경련에서 이런 사정을 제시했다. 그의 묘당우가 어떤 것인지를 확인할 수 있는 대목이다. 따라서 사친과 연군을 중심으로 형성된 그의 시 정신은 강호락과 묘당우 사이에서 마침내 강호락으로 귀결되고 있다는 것을 확인할 수 있다.

위에서 보듯이 조형도의 시정신은 강호락과 묘당우 사이에서 형성되어 있었다. 임진왜란과 정묘·병자호란을 겪으면서 의병 또는 무장으로 나아가 전공을 세우게 된 것은 묘당우에 따른 것이며, 강호 자연 속에서 부모님을 모시고 살면서 시주의 청한(淸閑)을 즐기고자 한 것은 강호락에 바탕한 것이다. 강호락과 묘당우가 하나의 자연 속에서 이루어진다는 측면을 주목할 때, 이 둘은 긴장 관계에 놓일 수밖에 없다. 방향이 다른 두 지향이기 때문이다. 그러나 조형도의

사람으로 유명하다. 그는 죽을 때 친구들에게 다음과 같이 유언했다고 한다. "내가 죽거든 자네들은 부디 내 시체를 질그릇 만드는 굴 곁에 묻어 주게. 100년 후에 백골이 삭아서 흙이 되면 누가 알겠는가? 그 흙을 파다가 술병을 만들기라도 한다면 나의 소원이 성취되는 것이 아니겠는가?"

시정신이 이 둘의 갈등 관계에 놓인 것은 아니다. 강호락 속의 묘당우로 이것은 구조화되고 있기 때문이다.

맺음말

조형도는 무장이었지만 문학적 재능 역시 뛰어나 433제나 되는 작품을 남긴다. 이 글에서는 그의 시 세계를 탐구하기 위해 소재로 동원된 '물'을 특별히 주목했는데, 여기에는 나름대로 이유가 있다. 하나는 조형도가 정중관물(靜中觀物)의 태도를 갖고 물을 시의 핵심적 소재로 활용하면서 자신의 다양한 시정신을 이를 통해 표출하고 있기 때문이고, 다른 하나는 연구의 방법론적 측면에서 물이라는 대표 소재에 집중함으로써 그의 시 세계를 효과적으로 파악할 수 있기 때문이다.

조형도 시 문학에 나타난 물의 존재 양상은 대체로 넷으로 나눌 수 있다. 미려한 정경 속의 물, 풍류와 함께하는 물, 성찰 도구로서의 물, 역사 현실과 결합한 물 등이 그것이다. 첫 번째가 작가의 서정적인 측면과 밀착된 물이라면, 두 번째는 유흥적인 측면을 강조한 물이다. 그리고 세 번째가 성리학적 측면이 고려된 물이라면, 네 번째는 무장(武將)으로

서의 현실주의적 측면이 고려된 물이다. 이처럼 물은 조형도의 다양한 모습을 알게 하는 대표적인 소재였고, 시 작품의 존재 양상은 이를 가장 명시적으로 보여 준다.

조형도의 시정신은 강호락과 묘당우 사이에서 구조화되었다. 아름다운 강호에서 생활하면서 시주를 즐기거나 자연을 통해 성리학적 심성 이해를 한 부분은 강호락에 근거한 것이며, 임진왜란과 정묘호란, 병자호란을 겪으면서 의병 또는 무장으로서 나아가 전공을 세운 것은 묘당우에 근거한 것이다. 그의 생애사를 보면, 역사 현실 속에서 무장으로 직무에 충실하다가 강호 속에서 자적(自適)한 것으로 요약된다. 그러나 동계정에 '사친연군'이라는 현판을 써서 붙인 것에서도 알 수 있듯이 충효를 기반으로 해서 강호락과 묘당우를 공유했다. 이것은 조형도의 시정신이 역사 현실과 강호 자연이 일정한 긴장 관계를 가지면서도 강호락 속의 묘당우로 구조화되어 있었던 것을 의미한다.

이상의 논의로 조형도의 시 세계를 모두 이해한 것은 물론 아니다. 대체적인 경향을 물을 중심으로 해서 살핀 것에 지나지 않는다. 이것은 조형도 연구가 앞으로 더욱 심층적인 방향으로 진행되어야 한다는 말이기도 하다. 그 가운데 하나가 그의 풍류 정신에 대한 탐구다. 조형도의 시에는 술이 특별히 많이 등장한다. 강호에서 일으키는 흥의 세계가 술을 통해 더욱 증폭되었고, 이러한 과정에서 수다한 시 문학 작품이 생산되었다. 그러므로 이 술이 어떤 역할을 하는지, 이를 포함한 그의 풍류 세계는 어떠한 방향으로 귀착되고 있는지를 탐구해 볼 필요가 있다. 술의 힘을 빌리지 않으면 해결되지 않는 현실이 있을 수 있기 때문이다.

또한 강호락과 묘당우 사이에서 형성된 조형도 시정신의 근원을 밝히는 일도 과제 중 하나다. 그는 여러 곳에서 충효를 강조했는데, "남자의 한 몸은 충성과 효도뿐"[〈서청에서 김 위장의 시운에 차운함(西廳, 次金衛將韻)〉], "남자의 평생은 충성과 효도뿐"[〈장 동추 군좌가 관서체부 중영으로 부임해 가는 것을 보내며(送蔣同樞君佐赴關西體府中營)〉]이라고 한 것 등에서 확인 가능하다. 조형도는 충효가 인(仁)과 예(禮)를 바탕으로 한 실천 덕목이라 생각했다. '인'은 자신이 반드시 법으로 여겨야 할 것이고, '예'는 또한 마땅히 실천해야 할 것이라고 한 것이 그것이다. 이를 염두에 두면서 인예와 충효가 어떤 관계 속에 있으며, 이것이 강호락과 묘당우의 어떤 핵심적 근거가 되는가 하는 문제도 여전히 풀어야 할 숙제로 남아 있다.

이 연구는 조형도 연구의 선단을 열었다는 측면에서 일정한 의의가 있다. 그러나 위에서 제시한 두 가지의 심화 연구는 물론이고, 그가 살았던 시대의 다른 문인들과의 비교

연구, 산문에 대한 연구, 시 문학의 수사학적 접근, 장소성에 대한 문화론적 연구 등 그에 대한 탐구는 더욱 폭넓게 이루어져야 한다. 이를 위한 기초 작업으로 문집의 번역 작업 등도 함께 진행되어야 한다. 이런 일련의 작업들이 이루어질 때, 무장이면서도 탁월한 시 세계를 갖고 있었던 조형도 연구는 본궤도에 오를 것이다.

참고 문헌

《맹자(孟子)》
유치명(柳致明), 《정재집(定齋集)》
조식(曺植), 《남명집(南冥集)》
조형도(趙亨道), 《동계집(東溪集)》
《시경(詩經)》
《춘추좌씨전(春秋左氏傳)》
《한서(漢書)》
정우락, 〈물의 철학, 물의 문화〉, 《향토와 문화 : 물》 74, 대구은행, 2015.
정우락, 〈한국문학에 나타난 물 이미지의 이항대립과 그 의미〉, 《퇴계학과 유교문화》 48, 경북대 퇴계연구소, 2011.

정우락, 《남명문학의 철학적 접근》, 박이정, 1998.
정우락, 〈남명 조식의 '물' 인식과 인문정신〉, 《영남학》 26, 경북대 영남문화연구원, 2014.
정우락, 〈형재 이직의 한시에 나타난 물에 관한 상상력〉, 《동양한문학》 39, 동양한문학회, 2014.
정우락, 〈정몽주 시에 나타난 공간 상상력 – 물 이미지와 관련하여〉, 《포은학연구》 16, 2015.

옮긴이에 대해

정우락(鄭羽洛)은 경북대학교 국어국문학과를 졸업하고, 같은 대학 대학원에서 석사와 박사 학위를 받았다. 현재 경북대학교 국어국문학과 교수로 재직하고 있으며, 주로 한국 문학 사상, 한국 문학사, 동아시아 문학을 연구하고 있다. 저서로는 《남명 문학의 철학적 접근》(박이정, 1998), 《남명 설화 뜻풀이》(남명학연구원출판부, 2001), 《남명 문학의 현장》(경인문화사, 2006), 《남명과 이야기》(경인문화사, 2007), 《남명과 퇴계 사이》(경인문화사, 2008), 《문화 공간, 팔공산과 대구》(글누림, 2009), 《남명학파의 문학적 상상력》(역락, 2009), 《조선의 서정시인 퇴계 이황》(글누림, 2009), 《영남의 큰집, 안동 퇴계 이황 종가》(예문서원, 2011), 《삼국유사, 원시와 문명 사이》(역락, 2012), 《영남을 넘어, 상주 우복 정경세 종가》(예문서원, 2013), 《한강 정구와 무흘구곡 이야기》(경인문화사, 2014), 《남명학의 생성 공간》(역락, 2014), 《모순의 힘, 한국 문학과 물에 관한 상상력》(경북대학교출판부, 2019), 《영남 한문학과 물의 문화학》(역락, 2022) 등이 있으며, 역서로는 《탈초 역주, 영총》

(경상북도·영남문화연구원, 2007, 공역),《역주 고대일록》(태학사, 2009, 공역),《국역 흑산일록》(경북대학교출판부, 2019),《후산졸언 시문선집》(지만지한국문학, 2020) 등이 있다.

지역 고전학 총서

신당일록

지은이 조수도
옮긴이 정우락
펴낸이 박영률

초판 1쇄 펴낸날 2024년 2월 20일

지만지한국문학
출판등록 제313-2007-000166호(2007년 8월 17일)
02880 서울시 성북구 성북로 5-11
전화 (02) 7474 001, 팩스 (02) 736 5047
commbooks@commbooks.com
www.commbooks.com

ⓒ 정우락, 2024

지만지한국문학은
커뮤니케이션북스(주)의 한국 문학 출판 브랜드입니다.
이 책은 지작권자와 계약하여 발행했으므로, 본사의 서면 허락 없이는
어떠한 형태나 수단으로도 이 책의 내용을 이용할 수 없습니다.

ISBN 979-11-288-2624-5 94810
979-11-288-6597-8 94810(세트)

책값은 뒤표지에 있습니다.